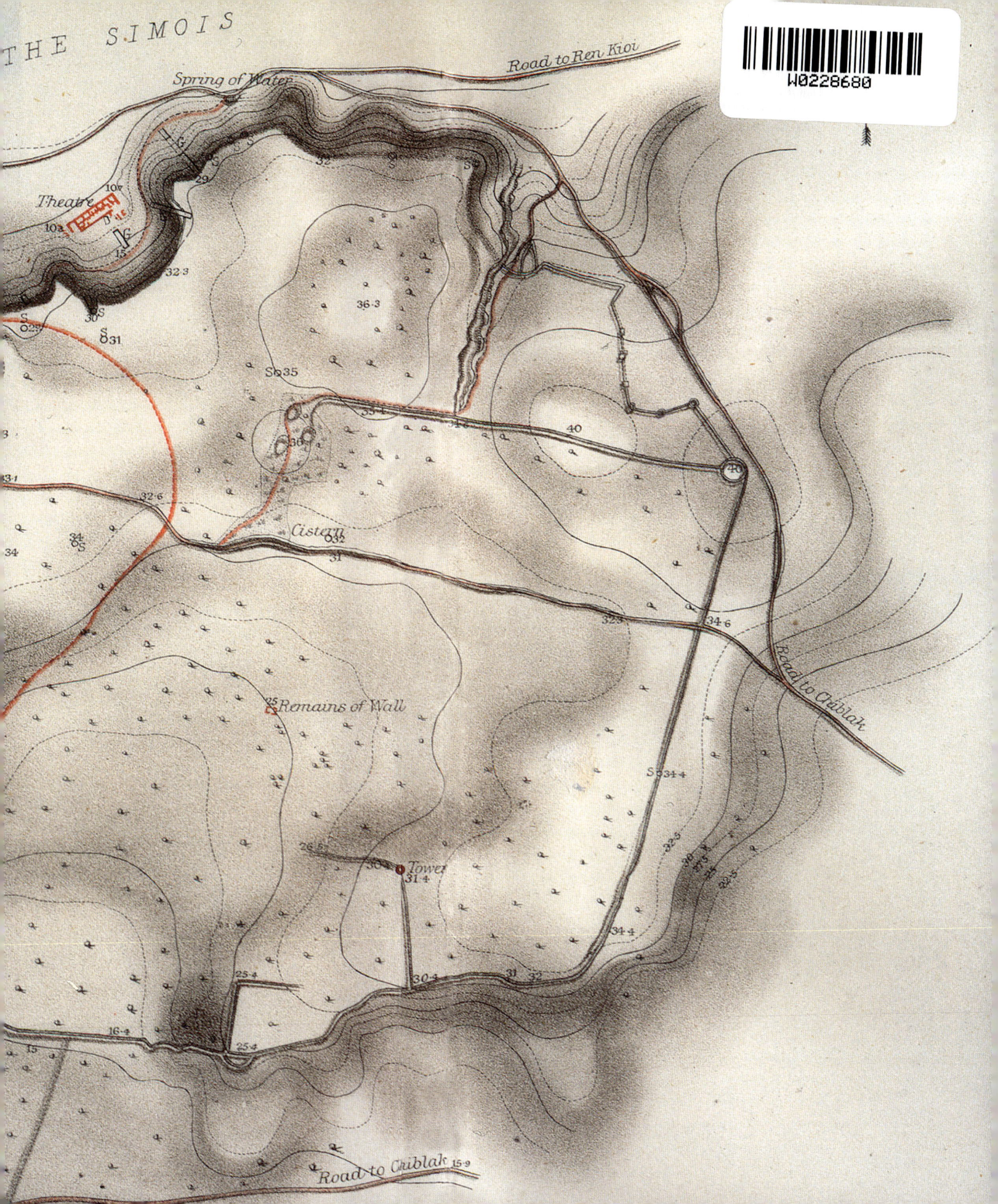

Heinrich SCHLIEMANN

Auf der Suche nach Troja

le temple   la grande cité de Troyes   palais   plion

paruois

habe mudane

Heinrich SCHLIEMANN

Auf der Suche nach Troja

Reinhard Witte

FREDERKING & THALER

Inhalt

Vorsatz:
Karte von Troja, basierend auf den Erkenntnissen
Schliemanns, von John Murray, 1884

Frontispiz:
Die Stadt Troja, Buchmalerei aus dem »Recueil des
Hystoirs troyennes« von Raoul le Febvre, 1464

Linke Seite:
Porträt von Heinrich Schliemann

Der »Traum von Troja«

Große Karrieren haben häufig kleine Anfänge – Heinrich Schliemann war zwar ein Sonntagskind, aber für seinen steilen Aufstieg musste er hart kämpfen. Wäre er bei seinem Beruf als Kaufmann geblieben, erinnerte sich heute niemand an ihn. Für Berühmtheit und Nachruhm sorgte er jedenfalls selbst – in mehrfacher Hinsicht. Schliemann behauptete, sich von Kindesbeinen an zu Höherem berufen gefühlt zu haben – zur Entdeckung Trojas. Was ist daran Dichtung, was Wahrheit?

Der Renaissancemaler Mathis Gerung stellte in seinem 1540 entstandenen Gemälde die Zerstörung Trojas als Folge der Lebensgeschichte des Paris dar.

DER »TRAUM VON TROJA«

Am Dreikönigstag, dem ersten Sonntag des Jahres 1822, kam in dem zwischen Rostock und Wismar gelegenen, kleinen mecklenburgischen Städtchen Neubukow ein Kind zur Welt, dessen Name fünfzig Jahre später um die Welt gehen sollte: Heinrich Schliemann.

Sein Ruf reicht auch heute noch über Fachkreise hinaus und beflügelt die Fantasie – Heinrich Schliemann ist zum Synonym für die Archäologie geworden. Bereits ein knappes halbes Jahr nach dem Tod des berühmten Amateurs stellte der Münsteraner Archäologieprofessor Arthur Milchhoefer im Mai 1891 in der »Deutschen Rundschau« gerade diesen Aspekt heraus: »Mit Heinrich Schliemann ist eine der merkwürdigsten und am meisten bemerkten Persönlichkeiten, welche die Alterthumsforschung jemals in ihren Reihen hatte, aus dem Leben geschieden. Schliemann hat diesen Zweig der Wissenschaft geradezu in weitesten Kreisen populär gemacht.«

Der Pfarrerssohn Schliemann hatte allerdings einen langen und beschwerlichen Weg zurücklegen müssen, ehe er zum wohl bekanntesten Ausgräber des 19. Jahrhunderts wurde. Bevor wir uns dem Abenteuer seines Lebens und Wirkens widmen können, müssen wir daher kurz auf jene Grundlagen eingehen, ohne die das Phänomen Schliemann und seine noch heute bestehende Popularität nicht denkbar gewesen wären.

Im Zentrum steht Schliemanns ausführliche Beschäftigung mit Homer und den zur Weltliteratur zählenden Epen »Ilias« und »Odyssee«. Der große und erste Dichter des Abendlandes, dessen Leben im Dunkeln liegt, zählte zu den Lieblingsdichtern vieler Geistesgrößen, darunter Goethe und Beethoven. Ausgaben seiner Werke standen in den Bücherschränken des gebildeten europäischen Publikums. Gerade im Deutschland des 19. Jahrhunderts begeisterten sich Leser mit humanistischer Bildung an Homer und seiner Sprache. Ein Jahr vor Schliemanns Geburt hatte der Kampf des griechischen Volkes um seine Unabhängigkeit begonnen, der das Ende der jahrhundertelangen Fremdherrschaft des Osmanischen Reichs zum Ziel hatte. Die griechische Revolution war in aller Munde. Man bezeichnete sich stolz als Philhellenen und übertrug die Wertschätzung für das klassische Griechenland auch auf seine modernen Nachfahren. Man schätzte die geistigen Leistungen des alten Hellas, das an der Wiege des modernen Europa stand.

Wer an Homer denkt, denkt natürlich auch an Troja. Und damit sind wir schon beim zweiten Grund für Schliemanns fortwährende Popularität – seine Ausgrabungen. Natürlich kommen einem in diesem Zusammenhang auch Orte wie Olympia und Pergamon in den Sinn, Stonehenge und Hallstatt, Ur und Babylon, die Kulturen der Inkas und Azteken, des Industals und des alten China. Aber das Stichwort Troja bündelt alles in sich, was die Faszination der Archäologie ausmacht. Gab es diesen Ort, den Schauplatz des trojanischen Krieges, wirklich? Schliemann hat ihn auf dem Hügel Hisarlık im Nordwesten der Türkei lokalisiert. Von Troja, dem Herrschersitz des alten Priamos, des tapferen

Schliemanns »Traum von Troja« entsprang seinem leidenschaftlichen Interesse für das Altertum, das schon von Kindesbeinen an existierte. Das Motiv der Flucht des Aeneas mit seinem gelähmten Vater Anchises und seinem Sohn Askanius aus dem brennenden Troja stand laut Schliemanns eigener Aussage am Beginn seines »Traums von Troja« (Kupferstich um 1630).

Kunstvoll illustriert hier eine Buchmalerei aus dem 14. Jahrhundert eine Szene aus dem Trojanischen Krieg, der als das zentrale Ereignis der griechischen und römischen Mythologie gilt. In der Antike wurde die Ilias als geschichtlicher Bericht verstanden, und auch Schliemann nahm Homers Worte für bare Münze.

Die Insel Ithaka, die legendäre Heimat des Odysseus: Hier meinte Schliemann den Palast des Odysseus entdeckt zu haben. Dies ist allerdings höchst umstritten.

Hektor und des schönen Paris ging er nach Mykene auf den Peloponnes. Von dort stammte der Oberbefehlshaber der Truppen, die mit den Trojanern zehn lange Jahre Krieg geführt haben sollen: König Agamemnon. Er gehörte zum berühmtberüchtigten Geschlecht der Atriden, das den Gegenstand vieler Sagen und Dramen bildete. Auch die Orte von Schliemanns weiteren Ausgrabungen, wie die Insel Ithaka im Ionischen Meer und das unweit von Mykene gelegene Tiryns haben einen großen Klang in der homerischen Geographie. Ithaka war die Heimat des listigen Dulders Odysseus, des braven Sohnes Telemachos und der treuesten Ehefrau von allen, Penelope. Tiryns, die Heimat des stärksten griechischen Helden, Herakles, beeindruckte Jahrtausende lang durch seine zyklopischen Mauern, die eigentlich nur von Riesenhand, den »einäugigen Zyklopen«, erbaut worden sein konnten.

Die dritte Ursache für Schliemanns bleibenden Ruhm sind seine spektakulären Funde, die er an jenen Ausgrabungsstätten machte. Greifen wir zwei heraus:

Den »Schatz des Priamos« und die sogenannte Goldmaske des Agamemnon. Beide Funde sind in der Forschung höchst umstritten und mit Fälschungsvorwürfen belastet.

Schliemann – und das ist nun ein negativer Aspekt seiner Bekanntheit – war und ist für einige nie mehr als ein bloßer Schatzgräber. Wir werden sehen, dass man ihm mit dieser Bezeichnung unrecht tut. Wichtiger als alle Goldfunde wäre sicherlich für ihn gewesen, unumstößliche Beweise für die Erzählungen Homers zu finden, Inschriften, die mit Gewissheit bestätigt hätten: »Hier stand die Burg des Priamos«, oder »Hier liegt Agamemnon begraben«. Bis heute bleiben daher Zweifel darüber, ob es tatsächlich ein homerisches Troja, einen Priamos oder einen Agamemnon gab. Diese Unsicherheiten rufen eine Forschergeneration nach der anderen auf, immer wieder nach der Wahrheit und neuen Beweisen zu suchen. Die Anzahl der Bücher, von wissenschaftlichen Aufsätzen und Zeitungsartikeln oder auch von Dokumentations- und

Spielfilmen über Schliemann wuchs in den knapp 125 Jahren nach seinem Tod am 26. Dezember 1890 ins Unermessliche. Oft steht dabei aber nicht seine Arbeit, sondern sein Privatleben im Mittelpunkt.

Das führt uns zu einem weiteren Aspekt, den wir kennen müssen, um Heinrich Schliemann richtig einzuschätzen. Er führte ein ungemein spannendes Leben, das Erstaunen und Hochachtung abnötigt. Doch der erfolgreiche Kaufmann und berühmte Forscher konnte der Versuchung nicht widerstehen, seinen Lebenslauf auszuschmücken und Geschehnisse nachträglich in seinem Sinne zu verändern. Teilweise erfand er sogar ganz einfach Geschichten. Seinem wohl heute noch bekanntesten Buch »Ilios. Stadt und Land der Trojaner« stellte der knapp Sechzigjährige im Jahre 1881 eine Vita voran, die auf dem schmalen Grat zwischen Dichtung und Wahrheit wandelt. In ihr sehen wir eine weitere und große Ursache für Schliemanns andauernde Popularität. Seine hier und an anderen Stellen bewiesene Selbstinszenierung war Ausdruck eines starken Geltungsbedürfnisses, das seine Wurzeln in seinen Kindheitserlebnissen in Mecklenburg und in seinem gebrochenen Bildungsweg hatte. Beides führte dazu, dass sein schwaches Selbstbewusstsein einen Ausweg im Imponiergehabe suchte und fand. Dadurch geriet Schliemann zur schillernden Persönlichkeit mit romanhaften Zügen, gleichermaßen interessant wie zum Spott geradezu einladend.

Viele Biographen haben diese Selbstdarstellung, die nach Schliemanns Tod in leicht veränderter und ergänzter Form als Einzelwerk erschien, häufig nur übernommen. Sie dachten nicht daran, die darin gemachten Aussagen zu hinterfragen.

Freilich hatte schon 1923 der heute nahezu vergessene russische Autor D. N. Jegorov konkrete Schilderungen Schliemanns bezweifelt. Neun Jahre später be-

Von seinen zahlreichen Büchern ist »Ilios« (1880/81) Schliemanns populärstes. Seine darin enthaltene Selbstbiographie erregt noch heute viel Aufmerksamkeit.

hauptete Emil Ludwig in seinem Buch »Schliemann. Geschichte eines Goldsuchers«, dass »Schliemanns mit 60 Jahren geschriebene Autobiographie nur stellenweise verwendbar ist«. Die kritische Analyse dieser Schrift überlasse er, Ludwig, »den Herren Philologen«.

In der Tat werden seit über einem halben Jahrhundert die gedruckten Äußerungen Schliemanns anhand von ungedruckten Dokumenten einer kritischen Analyse unterworfen. Das ist keine leichte Arbeit – die Überlieferung besitzt riesige Ausmaße: von Korrespondenzen (60 000 bis 80 000 Briefe in zwölf verschiedenen Sprachen von beziehungsweise an Schliemann) über anderthalb Dutzend Reise- und Ausgrabungstagebücher bis hin zu zahlreichen Geschäftsbüchern, Visitenkarten und Hotelrechnungen – Schliemann hat fast alles aufgehoben. Dieser gewaltige Nachlass, der sich überwiegend in der Athener Gennadius Library befindet, wird seit den 1960er-Jahren systematisch ausgewertet und ist auch heute noch für so

manche Überraschung gut. Im Vergleich zwischen den gedruckten und den ungedruckten Texten kam so manche Unstimmigkeit, manchmal sogar eine handfeste Unwahrheit zum Vorschein.

Um diese zu entlarven, können Schliemann-Forscher, vor allem für die Zeit seiner Grabungstätigkeit zwischen 1868 und 1890, fast jeden Tag nachvollziehen, wo er sich aufgehalten hat. Wer wissen möchte, wie oft der Globetrotter eine bestimmte Stadt besuchte, findet es durch den Nachlass heraus, und erfährt darüber hinaus die Namen der Hotels, in denen er abstieg, die entsprechenden Zimmernummern und Hotelrechnungen. Wer Intimes über das Eheleben mit der zweiten Frau, der Griechin Sophia Engastromenos (sie war 30 Jahre jünger als er!) erfahren möchte, der wird in Schliemanns Briefwechsel mit dem berühmten Mediziner Rudolf Virchow fündig.

Schliemann wird, um es auf einen Nenner zu bringen, durch diese Archivalien zum gläsernen Menschen; was dabei zum Vorschein kommt, stellt ihn nicht immer im besten Licht dar.

Nachdem wir nun die Gründe für Schliemanns Popularität kennengelernt und einen Überblick über die wichtigsten Quellen gewonnen haben, können wir uns dem Leben und Werk des berühmten Mecklenburgers, Europäers und Kosmopoliten widmen.

Johann Ludwig *Heinrich* Julius war das fünfte Kind der Eheleute Ernst Schliemann (1780–1870) und Louise Therese Sophie Bürger (1793–1831), Tochter des Schulrektors und späteren Bürgermeisters von Sternberg. Er hatte aus dieser ersten Ehe seines Vaters vier Brüder und vier Schwestern. Das erste Kind, ein Johann Joachim *Heinrich*, trug den gleichen Rufnamen wie der später berühmte Ausgräber und verstarb siebenjährig kurz nach dessen Geburt. Diese Tatsache führte später in der Forschung zu der Annahme, dass Schliemann durch den Tod dieses Bruders so belastet gewesen wäre, dass er immer wieder beweisen musste, der lebendige und nicht der tote Heinrich zu sein.

Vater Ernst war anfangs Lehrer in Altona und hatte sich später der Theologie gewidmet, wohl mehr aus pekuniärem In-

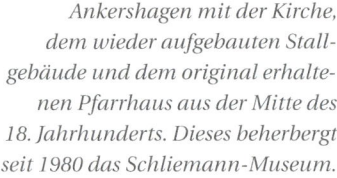

Ankershagen mit der Kirche, dem wieder aufgebauten Stallgebäude und dem original erhaltenen Pfarrhaus aus der Mitte des 18. Jahrhunderts. Dieses beherbergt seit 1980 das Schliemann-Museum.

teresse als aus reiner Berufung, doch bescheinigte man ihm gute Rhetorik und geschichtliches Wissen. Seit 1814 predigte er in Neubukow. Als nach dem Tod des Pfarrers in Ankershagen die dortige Pastorenstelle frei wurde, bewarb sich der ständig von Geldsorgen geplagte Mann um diesen lukrativeren Posten. Gegen zwei andere Kandidaten setzte sich der Neubukower Pastor im Mai 1823 durch und gewann die Wahl der Gemeinde für die vakante Pfarrstelle überdeutlich. Von 153 abgegebenen Stimmen erhielt er 150 für sich. Es heißt, dass dieses überwältigende Wahlergebnis nicht nur auf seine Beredsamkeit und große Überzeugungskraft, sondern auch auf eine kleine Bestechung zurückzuführen war. So zog die Familie bereits drei Wochen später in das ebenfalls im Großherzogtum Mecklenburg-Schwerin gelegene Dorf Ankershagen.

Obwohl Ernst Schliemann weder Philologe noch Archäologe war, pflegte er ein leidenschaftliches Interesse für die Geschichte des Altertums. Oft erzählte er seinem Sohn »mit warmer Begeisterung von dem tragischen Untergange von Herculaneum und Pompeji, und schien denjenigen für den glücklichsten Menschen zu halten, der Mittel und Zeit genug hätte, die

Ausgrabungen, die dort vorgenommen wurden, zu besuchen«. Mit großer Bewunderung berichtete er von den Taten der Homerischen Helden und den Ereignissen des Trojanischen Krieges, wobei Heinrich stets für die Sache Trojas Partei ergriffen haben will. »Mit Betrübniss vernahm ich von ihm, dass Troja so gänzlich zerstört worden, dass es ohne eine Spur zu hinterlassen vom Erdboden verschwunden sei. Aber als er mir, dem damals beinahe achtjährigen Knaben, zum Weihnachtsfeste 1829 Dr. Georg Ludwig Jerrer's ›Weltgeschichte für Kinder‹ schenkte, und ich in dem Buche eine Abbildung des brennenden Troja fand, mit seinen ungeheuern Mauern und dem Skaiischen Thore, dem fliehenden Aineas, der den Vater Anchises auf dem Rücken trägt und den kleinen Askanios an der Hand führt, da rief ich voller Freude: ›Vater, du hast dich geirrt! Jerrer muss Troja gesehen haben, er hätte es ja sonst hier nicht abbilden können.‹« Der Vater klärte seinen Sprössling nun darüber auf, dass es sich hier nur um eine künstlerische Darstellung handelte, bejahte aber die Frage seines Sohnes, ob denn das alte

Der Vater Ernst Schliemann (1780–1870) war als Pastor zunächst in Neubukow und von 1823 bis 1831 in Ankershagen tätig. Nach seiner Entlassung kehrte er 1838 dem Ort den Rücken.

Diese Abbildung des brennenden Troja in einem Kinderbuch soll im achtjährigen Heinrich den Plan erweckt haben, später den verschwundenen Ort zu finden.

MECKLENBURGISCHE SAGENWELT

★

Nach eigener Aussage war Heinrich Schliemann von der Sagenwelt seiner Heimat stark beeindruckt. »In diesem Dorfe [wurde] die in meiner Natur begründete Neigung für alles Geheimnisvolle und Wunderbare … durch die Wunder, welcher jener Ort enthielt, zu einer wahren Leidenschaft entflammt. In unserem Gartenhause sollte der Geist von meines Vaters Vorgänger, dem Pastor von Russdorf, ›umgehen‹; und dicht hinter unserm Garten befand sich ein kleiner Teich, das sogenannte ›Silberschälchen‹, dem um Mitternacht eine gespenstische Jungfrau, die eine silberne Schale trug, entsteigen sollte.«

Eine weitere Sage, die man sich erzählte, war die vom Raubritter Henning von Holstein, genannt Bradenkirl. Dieser wollte einst den Herzog ermorden, weil der ihm bei seinen Raubzügen im Wege stand. Ein Kuhhirte belauschte diesen Plan und verriet ihn dem Herzog, wofür er fürstlich belohnt wurde. Doch Henning erfuhr davon und ließ den armen Kerl in einer großen eisernen Pfanne braten und versetzte dem Kuhhirten in dessen letztem Todes-

In Vollmondnächten soll diesem kleinen Teich im Pfarrgarten von Ankershagen eine Jungfrau mit einer silbernen Schale entsteigen.

kampf noch einen Tritt mit seinem linken Fuß. Der Verbrecher entging der herzoglichen Gerichtsbarkeit jedoch nicht und wurde hingerichtet. Aus seinem Grab soll als Zeichen seiner Untat immer wieder das linke Bein herausgewachsen sein. Mit den Knochen hätten Generationen lang Kinder Äpfel und Birnen von den Obstbäumen abgeschlagen.

Troja einst wirklich so starke Mauern gehabt habe, wie sie auf der Fantasiedarstellung abgebildet waren. »›Vater‹, sagte ich darauf, ›wenn solche Mauern einmal dagewesen sind, so können sie nicht ganz vernichtet sein, sondern sind wohl unter dem Staub und Schmutz von Jahrhunderten verborgen.‹ Nun behauptete er wohl das Gegentheil, aber ich blieb fest bei meiner Ansicht, und endlich kamen wir überein, dass ich dereinst Troja ausgraben sollte.«

Der »Traum von Troja« war geboren! Es ist eine schöne Geschichte, die gerne zitiert wurde und die sich auch heute noch schön liest. Dennoch ist das Weihnachtsgespräch höchst kritisch zu bewerten. In

den unveröffentlichten nachgelassenen Schriften ist davon nicht die Rede. Der »Traum von Troja« kann *ex eventu* angesehen werden, das heißt, dem wahren Kern einer Geschichte wurde im Nachhinein eine Wendung gegeben, die nur in der Rückschau plausibel wird. Selbst wenn die Geschichte nicht der Wahrheit entsprach und nur gut erfunden war, konnten sich doch viele Menschen darin wiederfinden. Dass ein armer mecklenburgischer Pfarrerssohn mit mangelhafter Schulbildung vieles in späteren Jahren durch eigene Kraft und Glück nachholen konnte, sollte das nicht ein Ansporn für Zeitgenossen sein, die wie er ebenfalls nicht auf Rosen gebettet waren?

Wie dem auch sei, er spann die Geschichte in seinen Memoiren wirkungsvoll weiter: »So geschah es denn, dass ich meinen Spielkameraden bald von nichts anderem mehr erzählte, als von Troja und den geheimnisvollen wunderbaren Dingen, deren es in unserem Dorf eine solche Fülle gab.« Unter seinen Altersgenossen erntete Schliemann dafür Hohn und Spott, ausgenommen zwei junge Mädchen, Luise und Minna Meincke, die Töchter eines Gutspächters in Zahren, einem Nachbardorf. »Minna war es vorzugsweise, die das grösste Verständnis für mich zeigte, und die bereitwillig und eifrig auf all meine gewaltigen Zukunftspläne einging. So wuchs eine warme Zuneigung zwischen uns auf, und in kindlicher Einfalt gelobten wir uns bald ewige Liebe und Treue.«

Schon wieder eine schöne Geschichte, die durch die »gewaltigen Zukunftspläne« weiter untermauern sollte, dass der kleine Heinrich letztendlich nur ein einziges Lebensziel hatte, zu beweisen, dass die Erzählungen Homers stimmten und dass es einst tatsächlich ein Troja gab, um das Griechen und Trojaner zehn Jahre lang erbittert kämpften.

Trotz der scheinbaren Offenheit, mit der Schliemann Erlebnisse aus seiner Kindheit darlegte, wissen wir nicht viel über die Jahre von 1823 bis 1831 in Ankershagen. Mehr als triviale Erzählungen wird man auch in seiner maßgebenden autobiographischen Selbstdarstellung von 1881 nicht finden. Dieser teure Prachtband zielte auf eine Bildungsschicht, die dem Autor durchaus skeptisch gegenüberstand. Gerade in Deutschland, so beschwerte sich Schliemann häufig, machten sich viele Gelehrte über den Seiteneinsteiger in die Archäologie und den spleenigen Millionär lustig. Umso wichtiger schien es dem Autor deshalb wohl, einer unspektakulären Kindheit einen Aspekt hinzuzufügen, der den späteren Werdegang in einem anderen, besseren Licht erscheinen ließ. Er

Schliemanns »unsterbliche Geliebte« Minna Meincke, verehelichte Richers (1821–1910). Diese Jugendliebe wird (zu Unrecht) in der Forschung angezweifelt.

selbst betonte gleich eingangs seiner Erinnerungen, dass die ganze Arbeit seines späteren Lebens durch die Eindrücke seiner frühesten Kindheit bestimmt worden sei, ja, dass sie geradezu zwangsläufig daraus hervorgegangen sei: »… wurden doch, sozusagen, Hacke und Schaufel für die Ausgrabung Trojas und der Königsgräber von Mykenae schon in dem kleinen deutschen Dorfe geschmiedet und geschärft, in dem ich acht Jahre meiner ersten Jugend verbrachte«.

Den freizügigen Umgang mit der eigenen Vergangenheit illustriert schließlich treffend die Darstellung seiner Kindheitsfreundin Minna. Sie lebte beim Erscheinen der Selbstbiographie mit ihrem Mann in soliden Verhältnissen in Friedland bei Neubrandenburg. Als Schliemann ihr dorthin ein Exemplar seines Buches schickte, war die Aufregung groß. Minna und ihre Familie fühlten sich bloßgestellt. Ein Beschwerdeschreiben beantwortete Schliemann mit den Worten: »Auch wenn ich in meiner lebenslangen Anhänglichkeit zu dir übertrieben haben sollte, so freue dich doch, du wirst dadurch berühmt.«

Die Verdienste Heinrich Schliemanns um die Altertumswissenschaften bleiben jedoch bestehen; auch seine geschönten Erinnerungen werden an dieser Tatsache nichts ändern.

Schande, Schule und Schiffbruch

Der heranwachsende Schliemann lernte zunächst, was es hieß, vom Glück verlassen zu sein: Eine unerfreuliche Affäre verbaute ihm den ersehnten akademischen Bildungsweg. In der Folge blieb auch ihm die Feststellung nicht erspart, dass Lehrjahre keine Herrenjahre sind. Beim Versuch, in der Ferne ein neues, erfolgreicheres Leben zu beginnen, erlitt Heinrich buchstäblich Schiffbruch und strandete in Amsterdam. Glück im Unglück?

An der heutigen Bundesstraße 96 steht in Fürstenberg der Nachfolge-bau des Krämerladens (zweites Haus von vorn), in dem Heinrich von 1836 bis 1841 lernte.

SCHANDE, SCHULE UND SCHIFFBRUCH

Das Jahr 1831 brach an. Eine fürchterliche Zeit für den noch nicht einmal zehn Jahre alten Heinrich! Begonnen hatte es mit einem doch eher freudigen Ereignis. Am 13. Januar brachte Mutter Louise ihr neuntes und letztes Kind zur Welt, ein weiteres Brüderchen. Zwei Monate später war sie tot. Es heißt, die noch nicht ganz 38-jährige Frau starb am Kindbettfieber, wohl eher noch an allgemeiner Entkräftung und Kummer. Ihr Ehemann unterhielt nachweislich außereheliche Beziehungen. Namentlich bekannt ist eine Sophia Schwarz, die der Pastor im Herbst 1829 als Magd in Dienst genommen hatte und die dann, als der Ehefrau das Treiben zu bunt wurde und das ganze Dorf über das außereheliche Verhältnis ihres Seelsorgers tuschelte, von ihr entlassen wurde. Doch kaum war Louise verstorben, holte Vater Ernst die Magd wieder ins Haus. Erschütternd liest sich ein Bericht des knapp dreißigjährigen Heinrich in seinem italienischen Sprachübungsheft über diese Ereignisse: »Mein Vater war Pastor. Er hatte viele Kinder und wenig Geld. Er war ein liederlicher Mensch, ein Wüstling … Seine Frau misshandelte er, und ich erinnere mich aus meiner frühesten Kindheit, dass er sie wüst beschimpfte und bespuckte. Er schwängerte sie, um sie loszuwerden, und misshandelte sie mehr denn je während ihrer (letzten) Schwangerschaft. So kam es, dass ein Nervenfieber, an dem sie erkrankte, schnell zu ihrem Tode führte.« Der Vater täuschte großen Kummer vor und veranstaltete ein prächtiges Begräbnis für seine Ehefrau. Er ließ eine prunkvolle Grabstätte aus Stein errichten.

Der junge Heinrich erkannte in seinem Vater einen jener Scheinheiligen, die öffentlich Wasser predigten und heimlich Wein tranken – und das nicht zu knapp. Als die Dorfbewohner sich weigerten, von einem solchen Seelsorger die Predigt zu hören, und sich sonntags nicht zur Kirche aufmachten, sondern vor die Tür des Pfarrhauses, um dort lautstark ihren Protest zum Ausdruck zu bringen, wurde es der Obrigkeit zu bunt. Präpositus Conradi aus Waren und Superintendent Floerke aus Parchim informierten Großherzog Friedrich Franz I. im Dezember 1831 über das unmoralische Verhalten des Pastors Ernst Schliemann und seine Verfehlungen im Amt. Gegen ihn wurde ein Ermittlungsverfahren eingeleitet, das mit der Amtsenthebung 1832 nur vorläufig endete. Ein sich anschließender Rechtsstreit sollte sich durch fortwährende Einsprüche des in Schande entlassenen Predigers noch Jahre

Im Jahr 1858 ließ der reiche russische Kaufmann Schliemann auf dem Ankershagener Friedhof ein prächtiges Grabkreuz für seine Mutter errichten.

Ein Luftbild des ehemaligen Pfarr- und heutigen Museumsgeländes von Ankershagen. »Wahrzeichen« ist seit 1996 das »trojanische Pferd« mit der markanten Rutsche für Kinder.

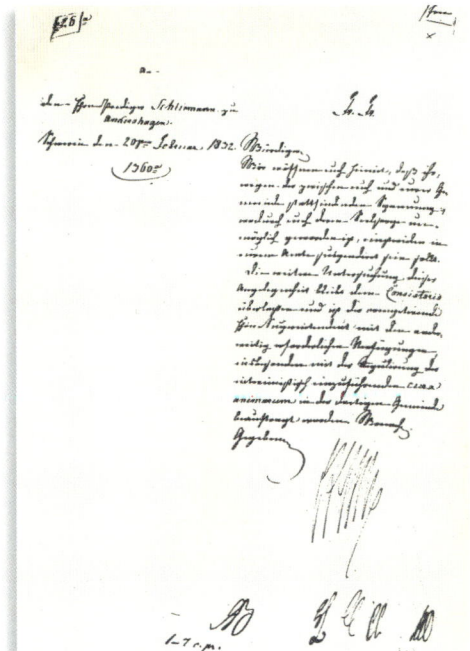

Dieses Schriftstück über die Suspendierung von Schliemanns Vater vom 20. Februar 1832 befindet sich im Archiv des Oberkirchenrates in Schwerin.

hinziehen. Ein Urteil des Oberappellationsgerichtes zu Parchim sprach Ende 1835 Ernst Schliemann vom Vorwurf des »Ehebruchs und demnächst fortgesetzten gesetzwidrigen Umgangs mit der Schwarz« mangels Beweisen frei. Sogar die Suspendierung musste aufgehoben werden. Doch wehrten sich alle Gemeindemitglieder dagegen, den Mann wieder als Pastor in Ankershagen einzusetzen. Aber erst im Mai 1838 verließ Ernst Schliemann endgültig den Ort seiner Schande in Richtung Rostock – nicht ohne eine reichliche Abfindung im Gepäck!

Heinrich und seine Geschwister hatten 1831 erleben müssen, wie die aufgebrachte Gemeinde vor ihrem Elternhaus ihren Vater und dessen Geliebte Sophia Schwarz mit Spott- und Schmähgedichten überhäuften, wie dabei sogar Fensterscheiben des Pfarrhauses eingeworfen wurden. Die Schliemanns wurden im Dorf gemieden. Vater Ernst zeigte zumindest soviel Einsicht, dass er seine Kinder zu Verwandten schickte. Der kleine Heinrich wird nun von Januar 1832 bis vor Ostern 1833 in der intakten Familie seines Onkels, des Pastors

Christian Ludwig Friedrich Schliemann in Kalkhorst, in der Nähe von Grevesmühlen, aufwachsen.

Hier traf er auf zwei Personen, die in ihm die Liebe zur altgriechischen Sprache entfachten und seine Sehnsucht nach Troja vertieften. Das waren sein fünf Jahre älterer Vetter Adolph und der Hauslehrer, der Kandidat Carl Andreß (1808–1885) aus Neustrelitz. Dieser vortreffliche Philologe, mit dem Schliemann später auf Latein und Altgriechisch korrespondierte, bereitete den kleinen Heinrich auf einen Besuch des Gymnasiums vor. Bereits zu Weihnachten 1832 konnte Schliemann seinem Vater einen von ihm geschriebenen lateinischen Aufsatz über den trojanischen Krieg und die Abenteuer des Agamemnon und des Odysseus schenken. So steht es zumindest in der Autobiographie. Doch der Aufsatz befindet sich nicht im Nachlass. Eine weitere Erfindung? Nur ein Problem für jene, die für jede Schliemannsche Behauptung einen Beweis brauchen. Von Vetter Adolph berichtet Schliemann, dass er zuerst von ihm homerische Hexameter hörte. Doch das steht nicht in den Erinnerungen – eine viel schönere Geschichte, wie wir noch sehen werden.

Zu Ostern 1833 wird Schliemann in Neustrelitz im Gymnasium eingeschult und in die Tertia versetzt. In der nur 6000 Einwohner zählenden Residenzstadt des Großherzogtums Mecklenburg-Strelitz nimmt er in der Pension des Hofmusikers Karl Ernst Laue (1790–1860) Quartier. Laue muss ein sehr aufgeklärter Mann gewesen sein, der positiven Einfluss auf Schliemann ausübte und in ihm, wie er ein Vierteljahrhundert später an seinen ehemaligen Pensionsvater schrieb, die Begierde zum Reisen und zu den Wissenschaften weckte. »Ich bin gewiss überzeugt«, so schreibt der mittlerweile zum Petersburger Großkaufmann Aufgestiegene, »ich wäre nie dahin gekommen, wo ich jetzt bin, hätte mich nicht mein Glücksstern in Ihr Haus ge-

In dem großen Gebäude in der Bildmitte befanden sich das Gymnasium und die Realschule, die Heinrich bis 1836 in Neustrelitz besuchte. Heute ist darin die Musikschule untergebracht.

bracht.« Viele Mecklenburger entflohen den beengten Verhältnissen ihrer beiden als rückständig verschrienen Großherzogtümer und suchten im Ausland ihr Glück. Ein Sohn Laues war in St. Petersburg Orchestermusiker, ein anderer stand in Diensten des russischen Zaren.

Heinrichs Zimmergenosse in der Pension war ausgerechnet Ernst Meincke, der Bruder seiner geliebten Minna. Ein anderer Schulkamerad war Wilhelm Rust (1820–1910), der im Kleinen eine solche Karriere machte wie Heinrich Schliemann im Großen. Aus Troja schrieb der schon weltberühmte Archäologe am 1. Mai 1882 an seinen Duz-Freund: »Du hast eine herrliche Karriere gemacht, so dass ich, wenn ich nicht Heinrich Schliemann wäre, Wilhelm Rust sein möchte.« Beide Männer verband seit Ende der 1860er-Jahre eine feste Brieffreundschaft.

Drei Monate nach einem für ihn sicher hoffnungsvollen Beginn auf dem Gymnasium musste der wissbegierige Schüler in die Realschule wechseln, die sich im gleichen Gebäude befand. Der Vater konnte das Schulgeld für eine höhere Schulbildung seines Sohnes Heinrich nicht mehr aufbringen, weil ihm seine geregelten Einkünfte durch die zeitweise Suspendierung verloren gegangen waren. Mancher Forscher weist zudem darauf hin, dass beim Schulwechsel auch der schlechte Leumund des ehemaligen Predigers eine Rolle gespielt haben könnte.

Der unfreiwillige Abbruch der gymnasialen Ausbildung bedeutete aber zugleich, dass der Traum von einer akademischen Laufbahn wie eine Seifenblase zerplatzte. Freilich weist ein überliefertes Zeugnis für Heinrich Schliemann von Ostern bis Michaelis 1835 nicht auf besondere Veranlagungen des 13-jährigen Schülers hin. Die Zensuren in den Sprachfächern, für die der Kaufmann und Archäologe an sich eine besondere Begabung hatte, fielen nicht überwältigend aus: Französisch »zufrieden«, Latein »befriedigt nicht; die Übersetzung flüchtig und schwülstig« und Englisch »geht an«. Die für seinen späteren Werdegang so wichtigen Fächer wie Geschichte, Geographie und Zeichnen wurden nur mit »zufrieden«, »geht an« und »langsam« bewertet. »Erfreuliche Fort-

Schulzeugnis Heinrich Schliemanns aus dem Jahre 1835

schritte« machte er in der Kalligraphie – und in der Tat lässt sich die Handschrift Schliemanns gut lesen – während dem Schüler »unbedeutende« Lesekenntnisse bescheinigt werden.

Drei Jahre besuchte Schliemann die Neustrelitzer Schule, bis er dann zu Ostern 1836 eine Kaufmannslehre in Fürstenberg antrat. Kurz vorher kam es am Karfreitag im Haus seines Pensionsvaters Laue zu einer dramatischen Szene, die Schliemann selbst so schildert: »Einige Tage vor meiner Abreise von Neu-Strelitz … traf ich … zufällig mit Minna Meincke zusammen, die ich seit mehr denn fünf Jahren nicht gesehen hatte. Nie werde ich dieses, das letzte Zusammentreffen, das uns überhaupt werden sollte, je vergessen! … Als wir ei-

Die »Materialwarenhandlung« in Fürstenberg, in der Heinrich fünf Jahre lang Butter, Heringe, Salz und Kartoffelschnaps verkaufte.

nander in die Augen sahen, brachen wir beide in einen Strom von Thränen aus und fielen, keines Wortes mächtig, einander in die Arme.«

Die rührende Begegnung fand ein jähes Ende, als Minnas Eltern das Zimmer betraten und die beiden Jugendlichen trennten. Hat sich diese zu Herzen gehende Szene tatsächlich so abgespielt? Schliemanns Nachlass gibt eine klare Antwort.

Am 10. April 1880 schrieb der Entdecker Trojas, der mit dem Manuskript seines neuen Buches beschäftigt war, an Minna: »Du grüßtest mich kalt und hattest nur die 4 Worte für mich ›Was machen Deine Schwestern‹. Dich darauf zu Frau Laué wendend sagtest Du: ›Wir waren nicht sehr intim‹. Das war ja den Umständen gemäß u. konntest Du nicht anders handeln. Für mein Werk aber passten die 4 Worte nicht, u. habe ich die letzte Unterredung mit Dir auf solche Weise erzählt, dass sie Dir zur höchsten Ehre gereicht und Dich die Frauen aller Länder um die Ehre beneiden werden.«

Zu Ostern 1836 beginnt der mittlerweile 14-jährige Heinrich eine fünfjährige Kaufmannslehre in Fürstenberg in der »Materialwarenhandlung« von Emil Ludwig Holtz, einem kleinen Krämerladen mit geringem Umsatz. Der Vertrag zwischen Schliemanns Vater und dem Lehrherren sah Folgendes vor: 1. Die Lehrzeit dauert von Ostern 1836 bis Ostern 1841. 2. Heinrich Schliemann muss ein Bett mitbringen. 3. »Pastor« Schliemann verbürgt sich für Treue und Ehrlichkeit seines Sohnes. 4. Heinrich verpflichtet sich zu unbedingtem Gehorsam seinem Lehrherrn gegenüber. 5. Der Lehrling darf kein Geld bei sich tragen. 6. Er darf die Lehrzeit nicht eher beenden. 7. Der Lehrherr sorgt väterlich für gute Ausbildung und gutes Essen des Lehrlings. 8. Heinrich kann nach 5 Jahren weiter bei ihm arbeiten (was dann auch bis Johanni 1841 geschah). 9. Der Vater muss für den Unterhalt des Sohnes sorgen (für seine Wäsche etwa).

Nach dem plötzlichen Tod des Kaufmanns Holtz übernimmt Hans Theodor Hückstädt (1812–1872) das Geschäft. Im Kaufvertrag wurde auch der Lehrling Heinrich Schliemann als lebendes Inventar mitübernommen. Hückstädt beteiligte sich später aktiv an der Revolution von 1848. Er gewährte dem mit Unterstützung seines Freundes Carl Schurz aus dem Gefängnis geflohenen und steckbrieflich gesuchten Demokraten Gottfried Kinkel 1850 als Erster Unterkunft auf nichtpreußischem Boden.

Fürstenberg an der Havel hatte damals rund 3000 Einwohner. Es galt zu Schliemanns Lehrzeit als ein bedeutender Markt- und Handelsplatz. Vor allem die sogenannten Buttermärkte waren weithin bekannt. Doch das große Geschäft ging am kleinen Krämerladen weitgehend vorbei. Von fünf Uhr morgens bis elf Uhr abends war der Lehrling mit dem Verkauf von Heringen, Butter, Milch, Zucker und Salz, aber auch von Öl und Talglichtern beschäftigt. Natürlich auch mit dem täglichen Ausfegen des Ladens, Säubern der Regale und ähnlichen Aufgaben. Außerdem musste er Kartoffeln zur Herstellung eines billigen Kartoffelbranntweins zerkleinern, der dann im Geschäft ausge-

schenkt wurde. Zehn größere Schnapsbrennereien soll es damals allein in dem kleinen Fürstenberg gegeben haben. Männer der unteren Schichten ertränkten im Hochprozentigen ihre Sorgen und vergaßen sie für wenige Stunden. Auch mancher Havelschiffer wird den Weg zum kleinen Krämerladen gefunden haben, um dort bei »einem Gläschen« von seinen Erlebnissen »auf großer Fahrt« zu erzählen.

Doch ein Abend blieb für Schliemann so unvergessen, dass er ihn einmal mehr ausführlich in seinen Erinnerungen schilderte. Ein betrunkener Müller mit Namen Hermann Niederhöffer betrat den Laden. »Er war der Sohn eines protestantischen Predigers in Röbel (Mecklenburg) und hatte seine Studien auf dem Gymnasium von Neu-Ruppin beinahe vollendet, als er wegen schlechten Betragens aus der Anstalt verwiesen wurde. … Mit seinem Schicksal unzufrieden, hatte der junge Mann leider schon bald sich dem Trunke ergeben, dabei jedoch seinen Homer nicht vergessen; denn an dem oben erwähnten Abend recitirte er uns nicht weniger als hundert Verse dieses Dichters und scandirte sie mit vollem Pathos. Obgleich ich kein Wort davon verstand, machte doch

Theodor Hückstädt (1812–1872) war nach dem frühen Tod des ehemaligen Ladenbesitzers der Lehrherr Schliemanns.

Der Marktplatz von Neustrelitz zu der Zeit, in der Heinrich hier die Schule besuchte (1833 bis 1836).

Obwohl Schliemann das bunte Treiben in der großen Hafenstadt gefiel, brachte ihm Hamburg zunächst kein Glück – er suchte vergeblich nach einer Anstellung, bis sich schließlich das Blatt zu wenden schien.

die melodische Sprache den tiefsten Eindruck auf mich.«

Der 19 Jahre alte Heinrich beendete Ostern 1841 ganz regulär seine Lehrzeit und blieb für die nächsten Monate als Kaufmannsgehilfe bei Hückstädt, um dann über Rostock nach Hamburg zu gehen. Doch diese Schilderung der Ereignisse erschien Schliemann später wohl zu prosaisch. Er berichtete davon, dass er sich einmal beim Aufheben eines zu schweren Fasses eine Brustverletzung zuzog und dadurch permanent Blut spuckte. Er wäre nun für die schwere Arbeit im Krämerladen nicht mehr tauglich gewesen und ging in seiner Verzweiflung »zu Fuß« nach Hamburg, um dort eine Anstellung zu finden. Das Einzige, was an Schliemanns Erzählung wahr ist, ist die Erwähnung seiner schlechten Gesundheit als junger Mann, die er durch häufige Wasserkuren zu heilen versuchte.

Eine Schilderung der Ereignisse, die näher bei der Wahrheit blieb, finden wir in einem überaus langen Brief Heinrich Schliemanns vom 20. Februar 1842 aus Amsterdam an seine Schwestern Wilhelmine (1818–1883) und Doris (1819–1912). Hier erfahren wir, dass der Kaufmannsgeselle zusammen mit einem alten Schulfreund Ende Juli 1841 nach Nordamerika auswandern wollte, wie so viele andere Mecklenburger im 19. Jahrhundert. Dazu kam es aber nicht, weil Vater Ernst dies seinem Sohn untersagte. Dadurch geriet Schliemann, der sich um keine Anstellung in Mecklenburg mehr gekümmert und sogar Angebote abgelehnt hatte, in eine verzweifelte Lage. Er war ab Johanni (24. Juni) arbeitslos. So machte er sich nach Rostock auf, wo ganz in der Nähe sein Vater mit seiner neuen Frau Sophia Behnke lebte. Nachdem ihm das »ruchlose Leben und Treiben« im dortigen Hause zuwider wurde, mietete er sich ein kleines Zimmer und erlernte in wenigen Wochen die doppelte italienische Buchführung im »Handlungs-Institut« von Heinrich Schwanbeck. Am 10. September ließ er sich von seinem Vater sein mütterliches Erbteil auszahlen und machte sich noch am gleichen Tag mit der Extrapost auf den Weg nach Hamburg.

Über Doberan erreichte er seinen Geburtsort Neubukow. Über Mölln kam er per Kutsche am nächsten Abend nach Heydkrug, wenige Kilometer von Hamburg entfernt. Hier wurde noch einmal übernachtet, bevor Schliemann am folgenden Tag in der großen Hafenstadt eintraf. Begeistert berichtet er im Brief seinen Schwestern von dieser Stadt und vom Trubel und Menschengedränge dort. Mit Empfehlungsschreiben, die er von seinem Lehrherrn Theodor Hückstädt erhalten hatte, ging der arbeitsuchende Schliemann zur alten Börse. Nachdem er seine Papiere den dort anwesenden Adressaten, die ihm ihre Unterstützung zusagten, ausgehändigt hatte, setzte der Neuankömmling die Besichtigung der Stadt fort. Er besuchte den Hafen und bestieg den »Michel«. Unangenehm berührt zeigte sich der Bruder den Schwestern gegenüber von der Vergnügungssucht der Hamburger und von »nur für das Vergnügen und Wollust eingerichteten Gebäuden« in St. Pauli.

Heinrich Schliemann blieb über zwei Monate in Hamburg. Zuerst war er im »Colonialwaaren-Geschäft en gros & en detail« von S. H. Lindemann jr. in Altona beschäftigt. Schon nach drei Tagen harter Arbeit im Speicher gab Schliemann auf. Die nächste Stelle erhielt er in einem gleichartigen Geschäft bei E. L. Deycke jr. Hier gefiel Schliemann die Arbeit im Comptoir. Doch er bekam dafür keine Bezahlung. So verbrauchte er schließlich sein Erspartes und musste sich von einem Onkel Geld borgen. Das war für ihn ein einschneidendes Erlebnis. Der Onkel schickte das Geld zusammen mit einem bitterbösen Brief, worauf

Schliemann sich schwor, nie mehr einen Verwandten, so schlecht es ihm selbst auch gehen mochte, um Unterstützung zu bitten. Doch dann eröffnete sich für Heinrich eine neue Perspektive. Ihm wurde in der Börse eine »brillante Stelle« in La Guayra in Venezuela angeboten, die er ohne zu zögern annahm. Von einem Freund seiner verstorbenen Mutter, dem Schiffsmakler J. F. Wendt, erhielt er dafür Empfehlungsschreiben. Die Überfahrt sollte auf der kleinen Brigg »Dorothea« stattfinden. In seiner Autobiographie behauptet Schliemann, zu diesem Zweck als Kajütenjunge angeheuert zu haben. In Wirklichkeit war er einer von drei Passagieren auf diesem Schiff. Auch hierin zeigt sich wieder Schliemanns Hang, seine ohnehin ungünstigen Voraussetzungen für ein erfolgreiches Leben im Nachhinein noch schlechter darzustellen, um größere Bewunderung zu erlangen und um zu zeigen: Seht, alles, was ich als Kaufmann und Archäologe erreicht habe, ist das Produkt meines unermüdlichen Strebens nach Erfolg und höherer Erkenntnis. Eifert mir nach, dann bringt ihr es vielleicht auch einmal so weit wie ich.

Am 23. November 1841 ging Schliemann an Bord der »Dorothea«. Zuvor hatte er durch Abfassung mehrerer kaufmännischer Briefe auf Deutsch, Französisch und Englisch seine Befähigung für die angebotene Stelle in der Handelsniederlassung der Herren Declisur & Böving in La Guayra nachweisen müssen. Fünf Tage später stach die Brigg in See. Doch sie sollte ihr Ziel Venezuela nicht erreichen!

Anfangs blies ein günstiger Wind. Dann herrschte Flaute, und das Schiff kam nicht voran. Der wieder aufkommende Wind entwickelte sich zu einem verheerenden Sturm. Ausführlich beschreibt der Bruder seinen Schwestern in einem Brief seine erste und äußerst dramatische Seefahrt. Ab dem 9. Dezember, das Schiff hatte gerade erst Helgoland passiert, nahm der Sturm an Heftigkeit zu. Die Luft war eisig,

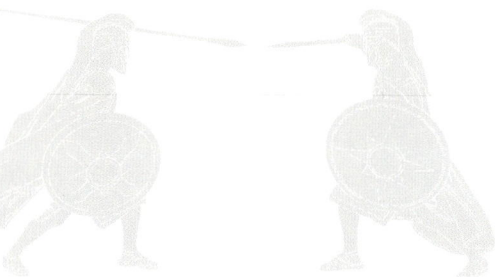

Anzeige in einer Hamburger Zeitung für Auswanderer nach Übersee. Die Brigg »Dorothea« (4. Abschnitt v. o.) sollte Heinrich nach Venezuela bringen.

In Amsterdam nahm Heinrich Schliemanns beispiellose Kaufmannskarriere an Fahrt auf (»Der Dam in Zaandam am Abend«, Gemälde von Claude Monet, 1871, Ausschnitt).

sechs Grad unter null, und es begann zu schneien. Am 11. Dezember abends hatte sich der Sturm zu einem Orkan ausgewachsen. Furcht machte sich unter Passagieren und auch Besatzungsmitgliedern breit. Der Kajütenjunge weinte bitterlich, weil er sein Ende gekommen glaubte. Doch Schliemann lachte ihn nach eigenem Bekunden aus. Was kümmerte es ihn, dass Segel und Ankerketten rissen? Er, der mutige Heinrich, schlief sanft und ruhig in seiner Kajüte. Doch dann geschah es:

»Es mochte Mitternacht sein, wie der Cptn. (Kapitän Simonsen) plötzlich die Cajütenthür öffnete und rief: Passagiere kommen Sie schnell nach oben, denn es ist die größte Gefahr. Kaum hatte er ausgesprochen, als uns ein furchtbarer Stoß es auch schon anzeigte. Alle Fenster der Cajüte sprangen entzwei. Ich sprang so schnell ich konnte aus der Hütte und wollte mich ankleiden, als das Wasser auch schon von allen Seiten eindrang und ich nur noch mit Lebensgefahr nackend das Verdeck erreichte. Das erste, was mich da empfing, war eine ungeheure Welle, die über mich wegschlug und mich von Steuerbord- bis Backbordseite fortriss, wo ich jämmerlich gequetscht wurde, mich jedoch festhielt, wieder nach Steuerbord-Seite hinkletterte und mich festband. Ein gleiches Schicksal widerfuhr den übrigen Passagieren, die je-

den zu lassen und im Gefängnisse meine Tage zu verleben, wie gerne würde ich das Letztere vorgezogen haben.« Seine Schwestern, so der Bruder weiter, hätten in diesen Schreckensstunden bestimmt von ihm geträumt. In Gedanken habe Heinrich von ihnen Abschied genommen, gebetet, Gott seine Seele empfohlen, seinen Leib den Haien gegeben, womit sein Testament gemacht gewesen sei.

Doch das sollte sich nun doch als verfrüht erweisen. Zwar erlitt die »Dorothea« in der Nacht vom 11. zum 12. Dezember 1841 Schiffbruch vor der holländischen Insel Texel und ging unter, aber alle Menschen an Bord wurden gerettet.

Die Schilderungen über diese Rettung und die darauffolgenden Tage werden im Brief von 1842 und den Erinnerungen von 1881 wieder unterschiedlich dargestellt. Die Abweichungen sollen uns im Einzelnen nicht weiter interessieren. Bemerkenswert sind jedoch die abschließenden Worte zu diesem Schiffsunglück in der gedruckten Fassung:

»Mit grösstem Danke gegen Gott werde ich stets des freudigen Augenblickes gedenken, da unser (Rettungs-)Boot von der Brandung auf eine Sandbank unweit der Küste von Texel geschleudert wurde, und nun alle Gefahr endlich vorüber war. Welche Küste es war, an die wir geworfen worden, wusste ich nicht – wol aber, dass wir uns in einem ›fremden Lande‹ befanden. Mir war, als flüsterte mir eine Stimme dort auf der Sandbank zu, dass jetzt die Flut in meinen irdischen Angelegenheiten eingetreten sei und dass ich ihren Strom benutzen müsse.«

Der knapp 20-Jährige, gerade dem Tod entronnen, weigerte sich vehement, nach Deutschland zurückzukehren, weil ihm dort sein Glück versagt geblieben war. Und so landete er nun anstelle von Übersee in Amsterdam und legte dort in den nächsten vier Jahren den Grundstein für eine fast beispiellose Kaufmannskarriere.

doch so vernünftig gewesen waren, ihre Kleider gar nicht auszuziehen; auch sie banden sich an den herabhängenden Tauen neben mir fest.« Schliemann berichtet dann über die Rettungsvorkehrungen der Mannschaft und fährt dann fort: »Ich war ernstlich in einer verzweiflungsvollen Angst und ganz außer mir vor Betrübnis. Ach! Wie oft hatte ich mir früher den Tod gewünscht, wenn es mir nicht wol ging, aber ich Narr! Ich wusste nicht, wie süß das Leben ist, wenn der Tod wirklich kommt. Ja! Hätte mir einer in diesen Augenblicken des Schreckens das Anerbieten gemacht, entweder zu sterben oder mich zeitlebens kreutzweise in Ketten schmie-

Millionär auf der Suche nach dem Glück

Vom Gehilfen zum Handelsagenten und Großhändler – Heinrich Schliemanns Aufstieg scheint unaufhaltsam. Er ist angesehenes Mitglied der bürgerlichen Gesellschaft, wird in Russland heimisch und kann große wirtschaftliche Erfolge für sich verbuchen. Sein Vermögen investiert er geschickt. Es bleibt die nagende Unzufriedenheit: Soll das alles gewesen sein? Reisen führen Heinrich Schliemann rund um das Mittelmeer, in die Hauptstädte Europas, einmal um die Welt, bis nach China und Japan. Paris wird zum neuen Lebensmittelpunkt, und er entdeckt das Schreiben für sich. In seinem ersten Buch hält er die Erlebnisse im Fernen Osten fest.

Sankt Petersburg befand sich Mitte des 19. Jahrhunderts im Aufschwung. Die Stadt wurde zum Industriezentrum des russischen Reiches – ein idealer Standpunkt für den Kaufmann Schliemann. (Aquarell »Der Heumarktplatz und die Mariä-Himmelfahrtskirche in St. Petersburg« von Alexander Pawlowitsch Brüllow, 1798–1877).

MILLIONÄR AUF DER SUCHE NACH DEM GLÜCK

In Amsterdam nimmt Schliemann Stellen als Gehilfe in verschiedenen Handelshäusern an, zuletzt bei dem äußerst renommierten Unternehmen Schröder & Co. Er beginnt eine Fremdsprache nach der anderen zu erlernen: Englisch, Französisch, Niederländisch, Spanisch, Italienisch und Portugiesisch. Schliemann ist ein Sprachengenie; er hat allerdings auch eine feste Meinung zur eigenen Lernmethode: Eine Fremdsprache erlernt man am besten dadurch, wenn man über Dinge liest, schreibt und redet, die einen selber interessieren. Nur keine Vokabeln und Grammatik pauken! So will er ganze Bücher auswendig gelernt haben, darunter »Ivanhoe« von Walter Scott und den »Vicar of Wakefield« von Goldsmith. Er schreibt seitenlange Abhandlungen, die er stets von einem Sprachlehrer kontrollieren lässt und trägt den verbesserten Text tags darauf aus dem Gedächtnis vor. Als er 1844 in nur sechs Wochen auch noch russisch lernt, bereitet er damit eine glänzende Laufbahn als Kaufmann vor. Mit diesen Sprachkenntnissen steht er in Amsterdam ziemlich alleine, denn kaum jemand kann sich mit russischen Kaufleuten unterhalten oder gar mit ihnen korrespondieren.

Schröder schickt den begabten jungen Mann daraufhin im Januar 1846 als seinen Handelsagenten nach St. Petersburg. Dort trifft er Ende des Monats ein. Er reist mit Empfehlungsschreiben und bekommt Unterstützung vor allem durch die russlanddeutschen Handelshäuser Alexander Mahs & Co. sowie Heinrich Poppe & Co. Als äußerst vorteilhaft erweist sich, dass Schliemann die russische Sprache bereits bei seiner Ankunft perfekt beherrscht. Mit der Annahme der russischen Staatsbürgerschaft, schon ein Jahr später, beweist er den Einheimischen vollends, dass er einer von ihnen sein will. Auch dadurch erwirbt er sich bei den Russen das nötige Vertrauen für seine Handelsgeschäfte. Bereits im ersten Geschäftsjahr ist er sehr erfolgreich, vor allem im Handel mit Indigoblau, das in der florierenden Textilwarenproduktion in St. Petersburg und in Moskau reichen Absatz findet. Wir lesen in seiner Autobiographie: »Da ich in Amsterdam eine gründliche Kenntnis von Indigo erlangt hatte, beschränkte ich meinen Handel fast ausschließlich auf diesen Artikel, und so lange mein Vermögen noch nicht 200 000 Francs erreichte, gab ich nur Firmen von bewährtestem Rufe überhaupt Credit. So musste ich mich freilich zuerst mit kleinem Gewinne begnügen, riskirte aber auch nichts.«

Seinem Prinzipal Schröder ist der rasante Aufstieg des Handelsagenten nicht ganz geheuer. Man tadelt ihn wegen des ungehörigen Tons gegenüber seinen Patronen und wegen unsinniger Zusicherungen, die kein vernünftiger Kaufmann mache. Schliemann lässt sich nicht beirren, macht im Herbst 1846 seine erste Geschäftsreise nach Deutschland, den Niederlanden, England und Frankreich, eröffnet 1847 ein eigenes Importgeschäft und erwirbt im Februar jenes Jahres in St. Petersburg das Patent eines Kaufmanns der II. (später auch der I.) Gilde. Das besagt, dass der russische Kaufmann Heinrich Schliemann über eine hohe Kreditwürdigkeit verfügt. In einem Brief an seinen Vater vom

Das renommierte Handelshaus Schröder & Co. in Amsterdam. Von hier schickte sein Prinzipal den jungen Schliemann Anfang 1846 als Agent nach St. Petersburg.

Sankt Petersburg spielte in Schliemanns Leben eine Schlüsselrolle: Der Handel mit sogenannten Kolonialwaren, insbesondere mit Indigo, bescherte ihm großen Reichtum. An der Petersburger Börse wurde er im Jahr 1855 gar als Kaufmann mit dem höchsten Handelsumsatz notiert.

16. Februar 1848 schreibt der nun überaus selbstbewusste Sohn, dass er, um seinen Geldbeutel immer schwerer zu machen, vorteilhafte Spekulationen vollzieht, egal ob zum Vor- oder Nachteil seiner Partner und Konkurrenten.

Ende 1850 verfügt Schliemann bereits über 50 000 Reichstaler an Eigenkapital. Er handelt weiterhin hauptsächlich mit Indigo, aber später auch mit Baumwolle, Tee und Papier und, während des Krimkrieges, auch mit Salpeter, Blei und Pulver.

Schliemanns Zeit in Russland (1846 bis 1864) erfährt eine Unterbrechung von ein-einhalb Jahren. Am 10. Dezember 1850 verlässt er St. Petersburg, um in den Vereinigten Staaten von Amerika Erbangelegenheiten seines dort verstorbenen Bruders Ludwig zu regeln. Auf dem Schiff »Africa« kommt er am 15. Februar 1851 in New York an. Am 9. April 1851 erreicht er schließlich Sacramento. Dort nimmt der Draufgänger am kalifornischen Goldrausch teil und gründet eine Bank. Fortan verdient er sein Geld mit dem An- und Verkauf von Goldstaub. Es heißt, dass Schliemann innerhalb eines Jahres sein aus Russland mitgebrachtes Vermögen mit diesen Geschäften verdoppelte. Bald ist

er des Lebens in Sacramento mit seinen zwielichtigen Gesellen überdrüssig. Hinzu kommen heftige Fieberanfälle in dem ungesunden Klima. Schliemann will wieder zurück nach St. Petersburg.

Nach seiner Rückkehr heiratet er am 24. Oktober 1852 die Russin Jekaterina Petrovna Lyshina (1826–1896), mit der er drei Kinder haben wird. Die Ehe wird nach russisch-orthodoxem Ritus geschlossen.

Der Amerikaheimkehrer findet in Russland bessere Handelsbedingungen vor als bei seiner Abreise. Ein neuer Zolltarif erleichtert den Import von Industrieerzeugnissen, Rohstoffen und sogenannten Kolonialwaren. Mit der Aufnahme des Eisenbahnverkehrs von St. Petersburg nach Moskau im November 1851 tritt eine wesentliche Verbesserung im Personen-, Güter- und Posttransport zwischen diesen beiden großen Städten ein. Schliemanns Geschäfte florieren. Im November 1853 kann er dem Vater von einem ungeheuren Geschäft mit Indigo berichten und ihm sagen, dass er den gütigen Rat, sich ganz aus dem Geschäft zurückzuziehen und sich zur Ruhe zu setzen, nicht befolgen werde. Das war der Rat eines 73-Jährigen an einen 42 Jahre jüngeren Mann – wie

Schliemanns erste Frau, die Russin Jekaterina Lyshina (1826–1896). Die Ehe, aus der heute noch Nachkommen leben, war nicht sehr glücklich.

In Sacramento (Kalifornien) kaufte Schliemann 1851/52 Goldstaub an und ließ es die Goldgräber durch diese Anzeige wissen.

Sir :

We are now ready to purchase any quantity of Gold Dust, at the highest prices, for which we pay principally in American Coin, and Drafts drawn at par on San Francisco.

We will sell Messrs. Rothschild's Bills of Exchange on the United States and Europe.

When you visit the City of Sacramento, we would respectfully solicit your call.

Your Obedient Servants,

H. SCHLIEMANN & Co.,
Bankers, in the Brick Building Cor. J and Front Streets.

Sacramento, ... 185......

reich muss Schliemann schon zu diesem Zeitpunkt gewesen sein! Hätte er da nicht schon seinen schlummernden Kindheitstraum in die Tat umsetzen können?

1853 lässt sich Schliemann in der Stadt Narva als Kaufmann der II. Gilde einschreiben, Jahre darauf sogar als Kaufmann der I. Gilde. Das Glück im Geschäft bleibt ihm treu. Im gleichen Jahr beginnt der Krimkrieg zwischen Russland und dem Osmanischen Reich und dessen Verbündeten (Frankreich, England, später auch Sardinien), der bis 1856 dauert. Schliemann zieht aus diesem Krieg große Profite. Unaufhörlich wächst sein Vermögen. Ende 1855 spricht er von einem reinen Überschuss von 200 000 Silberrubeln und betont, dass er bessere Geschäfte macht, je länger der Krieg anhält.

Ein ungeschöntes, fast selbstkritisches Bild von sich gibt er seinem Vater am 17. März 1856: »Ich gelte hier und in Moskau als der schlaueste, durchtriebenste und fähigste Kaufmann, aber leider bin ich zu hitzig in den Unternehmungen.« Das Erfolgsrezept seiner Handelstätigkeit beschreibt er so: Konzentration des Geschäftes auf eine »Hauptstapelwaare«. Das war und blieb für Schliemann Indigo. Darüber muss man sich eine gründliche Kenntnis aneignen, die einen befähigt, die auserlesenste und zugleich billige Ware einzukaufen. Den Verkauf überlässt er nicht seinen Kommis oder seinen Dienern, sondern er steht persönlich im Speicher, um den interessierten Händlern die Ware selbst zu zeigen und Engrosverkäufe abzuschließen. Ruhe gönnt sich der Workaholic nicht.

Von der nach dem Kriegsende 1856 einsetzenden und bis 1858 anhaltenden Wirtschaftskrise ist Schliemann nur wenig betroffen. Er widmet sich verstärkt Bankgeschäften. Das Geschäftsleben wird ihm allmählich gründlich zuwider, seine Gesundheit hat durch viele Aufregungen gelitten. Seine Ehe mit Jekaterina ist zer-

Während des Krimkriegs verdiente Schliemann als Lieferant der Armee des Zaren mit Salpeter, Schwefel und Blei ein immenses Vermögen (Darstellung eines Gefechts im Krimkrieg von William Simpson, 1823–1899).

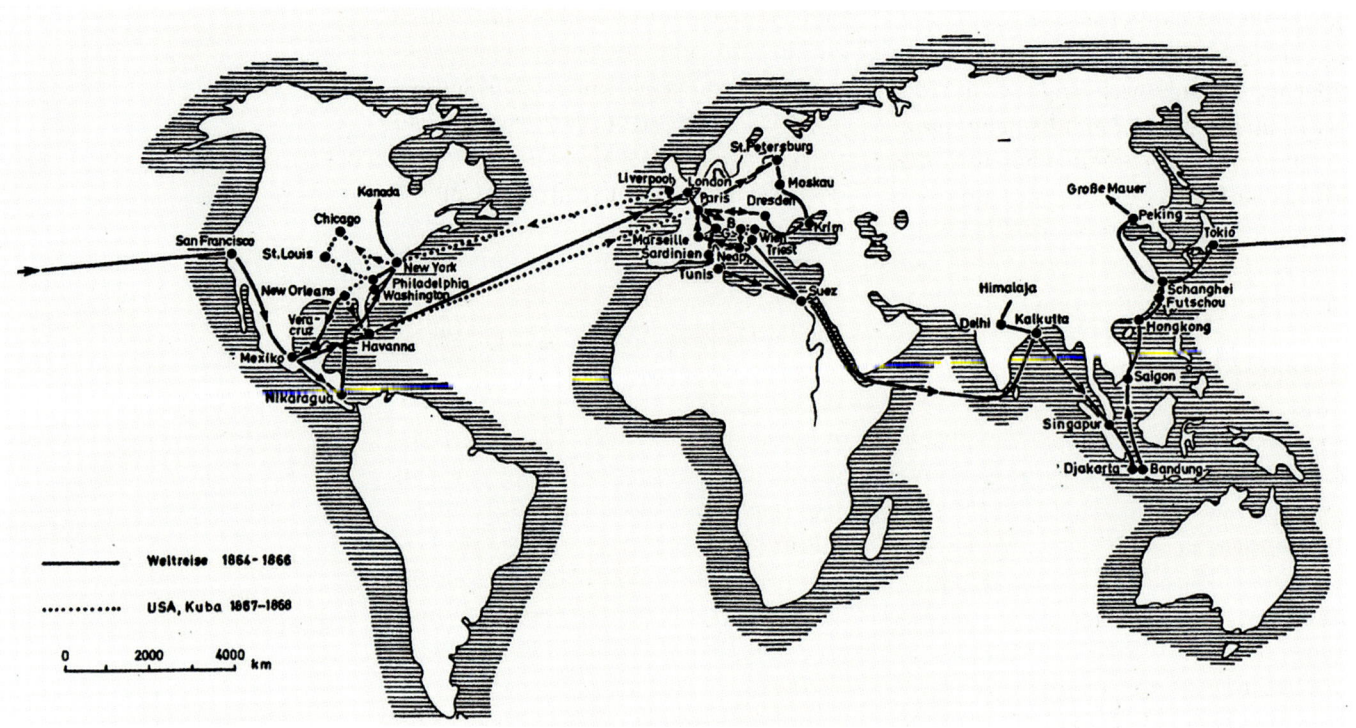

Schliemann war ein ruheloser Mann. Seine ständigen Reisen führten ihn auf vier Kontinente, wie diese Karte der Jahre 1864 bis 1868 zeigt.

rüttet. Er sucht nach einem neuen Lebensinhalt. Nun, ab dem Jahr 1856, nimmt er sich Zeit für seine heimliche Lieblingssprache Griechisch. Nur sechs Wochen will er gebraucht haben, um Neugriechisch zu beherrschen. Dann wendet sich Schliemann der Sprache seines Lieblingsdichters Homer, Altgriechisch, zu. Zwei Jahre lang betreibt er ein intensives Literaturstudium antiker Autoren. Anschließend frischt er seine Lateinkenntnisse auf und kann seiner Tante Magdalena in Kalkhorst stolz berichten, dass er jetzt schon 15 Sprachen spricht. Es werden noch sechs weitere hinzukommen.

Aber nicht nur die Sprachenleidenschaft hat ihn wieder gepackt, sondern auch die Reiselust, ja, die Reisewut. Geschäftsreisen werden von diesem Zeitpunkt an von Bildungs- und Studienreisen verdrängt. Schliemann reist ohne seine Familie. Manchmal hat er einen Begleiter oder nimmt sich einen ortskundigen Führer. Ein andermal schließt er sich einer kleinen Reisegesellschaft an. Auf wichtige

familiäre Ereignisse, wie beispielsweise die Geburt seiner Tochter Natalia, nimmt er bei der Planung und Durchführung seiner Reisen keine Rücksicht mehr. Seine Eindrücke lassen sich in den Reisetagebüchern und in zahllosen Briefen nacherleben. Als Tourist hat der Mann gegenüber früheren und heutigen Reisenden zwei große Vorteile. Er kennt keine Sprachbarrieren, kann sich zumeist mit den Einheimischen in der Muttersprache unterhalten und erfährt so mehr als die meisten Vergnügungsreisenden. Darüber hinaus sind seine finanziellen Mittel unbeschränkt.

Er verbringt seine Zeit in größter Hitze in Postkutschen und bei Eiseskälte auf Pferdeschlitten, sitzt als guter Reiter mit und ohne Sattel auf dem Rücken von Pferden oder Eseln, manchmal, aber ungern, sogar zwischen Kamelhöckern. Als moderner Mensch bevorzugt er natürlich das neueste Verkehrsmittel, die Eisenbahn.

Vom 23. November 1858 bis zum 6. Juli 1859 begibt sich Heinrich Schliemann auf eine große Orientreise. Seine Erlebnisse beschreibt er ausführlich in einem Reisetagebuch auf Schwedisch, Italienisch, Griechisch, Französisch, Englisch und Arabisch, einer weiteren Fremdsprache, die er sich unterwegs beigebracht hat. Sein Weg wird ihn von St. Petersburg unter anderem über Stockholm, Kopenhagen, Rom, Syrakus, Alexandria, Jerusalem, Damaskus, Konstantinopel und Prag zurück in die russische Hauptstadt führen.

Über die Ewige Stadt Rom erreicht er am 12. Dezember Neapel. Von hier zieht es ihn weiter in die antike Hafenstadt Pompeji, die im August des Jahres 79 nach Christus von einem gewaltigen Ausbruch des Vesuvs meterhoch unter Asche begraben wurde. Ende des 16. Jahrhunderts waren bei der Kanalisierung des Flusses Sarno erste Mauern der ehemals blühenden Stadt entdeckt worden. Mitte des 18. Jahrhunderts erfolgten vereinzelte Grabungen, und keine zwei Jahre nach Schliemanns Besuch beginnen dort die systematischen Ausgrabungen unter Giuseppe Fiorelli (1823–1896), mit dem der spätere Troja-Ausgräber brieflich verkehrt. Schliemann zeigt sich schon bei seinem ersten Besuch dieser Ausgrabungsstätte von den gut erhaltenen Überresten Pompejis zutiefst beeindruckt. Natürlich lässt er sich auch nicht die Besteigung des Vesuvs entgehen, der bereits seit einigen Monaten wieder rumort und glühende Lavaströme ausspuckt.

Weiter geht es nach Sizilien, wo der wissbegierige Mann die gut erhaltenen antiken Ruinen besichtigt. Am 4. Januar 1859 trifft er in Alexandria ein. Von dort geht es weiter zum Gräberfeld von Memphis und zu den Pyramiden von Sakkara und schließlich zu den drei Pyramiden von Gizeh, wo er, begleitet von vier Einheimischen, die 139 Meter hohe Cheops-Pyramide besteigt. Mit einem Professor Wedel aus Wien beschließt Schliemann, in einer Wohnbarke eine Reise auf dem Nil bis zum zweiten Katarakt zu machen. Diese Nil-

fahrt dauert mit Besichtigungen zahlreicher Altertümer über zwei Monate.

Ab Anfang April führt ihn sein Weg durch den Orient wiederum in kleiner Gesellschaft nach Palästina und Syrien. In der Karwoche erreicht Schliemann mit seinen zeitweiligen Reisebegleitern, den beiden Grafen Bassi aus Bologna, Jerusalem. Am Karfreitag besucht er die Grabeskirche und hört Predigten auf Griechisch und Latein, wobei ihm kein Wort entgeht: »Die Kirche bot an diesem Abend ein erstaunliches Bild und glich mehr einer Maskerade als einem Tempel der Anbetung. Tausende von Pilgern lagerten am Boden, zum Teil schlafend, zum Teil in lauter Unterhaltung. Sie verbringen da die Nacht und essen und trinken wie in einem Wirtshaus … Nichts ist für den Reisenden interessanter, als die Verschiedenheit der Kleidung und der Gesichtsbildung dieser Pilger zu beobachten, die Gefahren und Anstrengungen auf sich nehmen, um dem Grab des Herrn ihre Verehrung darzubringen.« Am Ostersonntag besichtigt Schliemann die Omar-Moschee und den Garten Gethsemane, um anschließend zum Ölberg hinaufzusteigen. Am Ostermontag unternimmt er mit einem kanadischen Ehepaar, in dessen Tochter er sich verliebt, weitere Besichtigungstouren zu den Sehenswürdigkeiten Jerusalems.

Die Woche darauf sehen wir ihn in Begleitung dreier Engländer die ehemalige Hauptstadt der Nabatäer, Petra, besuchen. Auf dem Rückweg nach Jerusalem wird er mehrmals im Toten Meer baden. Dann geht es weiter ins Libanongebirge und anschließend nach Damaskus. Dem mittlerweile fast achtzigjährigen Vater, dem einstigen evangelischen Pastor, versichert der Sohn, dass er auch wirklich jeden im Neuen und Alten Testament erwähnten Platz besucht habe.

Von Damaskus führt die Reise weiter über Beirut und Smyrna nach Athen. Doch ist Schliemann in zweierlei Hinsicht

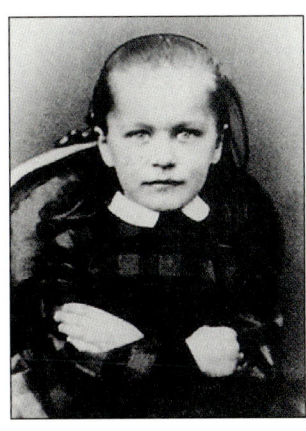

beunruhigt. Von seiner russischen Familie hat er seit Monaten keine Nachricht mehr erhalten, dafür erreicht ihn die Kunde, dass sein Petersburger Geschäftspartner Stepan Solowjew seinen Zahlungsverpflichtungen ihm gegenüber nicht nachkommt und Schliemann sogar des Betrugs bezichtigt. Schweren Herzens muss er in die russische Hauptstadt zurückkehren und seine Geschäfte wieder aufnehmen. Von dieser Orientreise aber bringt er eine Fülle von Eindrücken und sicher auch Anregungen für sein weiteres Leben mit nach Hause.

Vom 27. August bis zum 6. Oktober ist der ruhelose Mann jedoch schon wieder auf Reisen. Spanien heißt nun überraschenderweise das Ziel, wo er Land und Leute kennenlernen will. Bedauernd schreibt Schliemann am Ende seiner Reise am 11. Oktober 1859: »Es war mir schmerzlich, mich von Spanien, wo ich fast zwei Monate auf das angenehmste verbracht habe, zu trennen.« Und was war mit seiner daheimgebliebenen russischen Familie? Auf seiner Orientreise hatte er seine schwangere Frau und den dreijährigen Sohn Sergej in St. Petersburg zurückgelassen. Seine erste Tochter Natalia, der nur zehn Lebensjahre vergönnt waren, wurde geboren, als er sich mit seinem Wiener Reisebegleiter auf dem Nil befand. Jekaterina konnte wohl schon damals der Reiselust ihres Ehemannes nicht viel abgewinnen.

Und ganz im Ausland zu leben, kam für die stolze Russin nicht infrage.

Nach seiner Rückkehr aus Spanien nimmt der Kaufmann seine Handelsgeschäfte für die nächsten fünf Jahre wieder auf, sogar in größerem Umfang als je zuvor. Er handelt mit Indigo, spanischem Olivenöl, amerikanischer Baumwolle und Tee. Für drei Jahre bekleidet er das ehrenvolle Amt eines Richters beim Petersburger Handelsgericht und legt sich den Titel »Direktor der Kaiserlichen Staatsbank zu St. Petersburg« bei. Durch einen Erlass des Zaren Alexander II. vom 5. März 1864 wird ihm nebst Frau und drei Kindern sogar die erbliche Ehrenbürgerwürde St. Petersburgs verliehen. Damit gehört er zum obersten nichtadligen Stand im russischen Reich. Was fehlt ihm nun noch zu seinem Glück? Doch die Kaufmannstätigkeit befriedigt ihn nicht mehr, sein Eheleben verbessert sich nicht, obwohl Jekaterina ihm mittlerweile eine zweite Tochter, Nadeshda, geboren hat.

Schliemann liquidiert 1864 endgültig seine Geschäfte in St. Petersburg und Moskau. Er hat ein unglaubliches Vermögen erworben, das sich nur schätzen lässt. Bei der Testamentseröffnung im Januar 1891 wird der nun weltberühmte Troja-Ausgräber rund 15 Millionen Goldmark an Geld und Immobilien hinterlassen. Dazu zählen vier Mietshäuser in Paris und je eines in Berlin und Indianapolis. In heutigem Geld

kommen wir auf eine Summe von umgerechnet etwa 100 Millionen Euro. Eines steht zumindest fest: Seine späteren Ausgrabungen finanziert er nicht durch sein Vermögen, sondern aus den Zinseinkünften. Wie muss sich beispielsweise der bekannteste deutsche Althistoriker, Professor Ernst Curtius (1814–1896), der Ausgräber von Olympia, gefühlt haben, wenn er die freimütigen Angaben Schliemanns in dessen Erinnerungen las? Jährlich musste er dafür kämpfen, 80 000 Mark für die Ausgrabungen zu bekommen, und hier schrieb ein Seiteneinsteiger in die Altertumswissenschaft, dass allein seine Pariser Mieteinnahmen diese Summe einbrachten.

Jetzt ist Schliemann fast aller Bande ledig und begibt sich erneut auf Reisen. Und dieses Mal soll es sogar um die Welt gehen! Sein Reisetagebuch setzt am 27. Mai 1864 ein und endet am 23. Januar 1866. Doch bevor es auf große Fahrt geht, gönnt sich Schliemann fünf Wochen lang in Aachen-Burtscheid eine ausgiebige Kur. Dann bricht er über Paris, Genua und Sardinien nach Tunis auf, wo er sich die in der Nähe gelegenen antiken Ruinen von Karthago ansieht. Weiter geht es, über Malta, noch einmal nach Ägypten. Dort zieht sich Schliemann eine schmerzhafte Entzündung am linken Bein durch sogenannte Nilpusteln zu, die ihn wochenlang ans Bett fesselt. Trotz seiner gesundheitlichen Einschränkungen besichtigt er die Arbeiten am Suezkanal. Was tun? Die Reise abbrechen? Der ruhelose Mann sucht einstweilen Heilung von seinen Schmerzen im italienischen Thermalbad La Poretta. Und da er nun mal wieder in Italien ist, stehen erneut Pompeji und der Vesuv und schließlich auch Capri auf dem Programm. Plötzlich aufgetretene Ohrenschmerzen zwingen Schliemann zu einer ärztlichen Behandlung nach Paris und danach zu Professor von Troeltsch nach Würzburg, der eine Verengung des Gehörgangs und Wucherungen am Trommelfell feststellt. Darunter wird der Globetrotter bis an sein Lebensende leiden.

Am 6. November ist er in Wien. Über Triest und die Insel Korfu erreicht er zwölf Tage später endlich Alexandria und kann seine unterbrochene Besichtigungstour wieder aufnehmen. Keine drei Wochen später ist der Weltenbummler in Kalkutta. In Agra besichtigt Schliemann das Taj Mahal. Dieses weltberühmte Mausoleum ließ der Großmogul Shah Jahan in der ersten Hälfte des 17. Jahrhunderts als Denkmal seiner großen Liebe für seine verstorbene Frau errichten.

Die Reise führt weiter über Delhi, Singapur, Batavia und Saigon nach China und Japan. Beide Länder faszinieren Schliemann so sehr, dass er seine Eindrücke darüber nicht nur ins Reisetagebuch notiert, sondern sie veröffentlicht. Er beginnt noch auf der Überfahrt von Japan nach Nordamerika mit der Arbeit an seinem ersten Buch, in französischer Sprache: *La Chine et le Japon au temps présent*. Erschienen ist es bereits Ende 1866 in Paris, jedoch vordatiert auf 1867. Aus dem Kaufmann wird nun ein Reiseschriftsteller!

Reisen nach China und Japan waren 1865 noch etwas Besonderes und für den westlichen Reisenden nicht ungefährlich. Erst wenige Jahre zuvor hatten sich beide Länder dem ausländischen Handel öffnen müssen. Das Kaiserreich China verlor den zweiten Opiumkrieg (1856–1860) gegen Großbritannien, und eine amerikanische Flotte zwang Japan zur Öffnung seiner Häfen. Im Inselstaat herrschten innere Machtkämpfe und eine große Ausländerfeindlichkeit.

Der mutige und neugierige Heinrich lässt sich dadurch aber nicht von einem Besuch beider Länder abbringen. Mit eigenen Augen will er die Landschaften kennenlernen sowie die politischen und wirtschaftlichen Verhältnisse studieren. Durch sein Erstlingswerk, das eine Pariser Zeitung vorab druckt, erfahren viele Leser von seinen Eindrücken über diese exotischen Gegenden. Frau Jekaterina Petrovna soll zu Hause in St. Petersburg über das neue »Hobby« ihres Mannes, das Bücherschreiben, herzlich gelacht haben. Tut das ein seriöser Kaufmann?

Nach einer Woche auf Maultierkarren erreicht der Globetrotter Peking. Als er durch eines der neun Tore fährt und zum ersten Mal die Große Mauer sieht, sei er von der gleichen Bewunderung erfüllt gewesen wie Marco Polo knapp 600 Jahre vor ihm. In seinem Buch berichtet er ausführlich über seine Eindrücke, über die sehr breiten Straßen, die einstöckigen Häuser und über den ihn ständig umgebenden Schmutz und das Elend der meisten Bewohner. Mit nüchternen Angaben zeich-

Die chinesische Mauer, die noch immer als das größte Bauwerk gilt, erregte Schliemanns besonderes Interesse.

net er ein Bild der verbotenen Kaiserstadt. Sie darf nur von Würdenträgern ersten Ranges betreten werden. Allerdings sind die Mauern seit Jahrhunderten nicht mehr ausgebessert worden und drohen nun bald einzustürzen. Überall sieht man anstelle von Größe nur noch Verfall und Dekadenz.

Kritisch äußert er sich darüber, dass die chinesische Regierung ihr damals 400 Millionen Menschen zählendes Volk dumm halten will, um es besser regieren zu können. Moderne Technik wird abgelehnt. Es gibt große Vorbehalte gegen den Einsatz von Dampfmaschinen und das Verlegen von Eisenbahnschienen.

Von Schanghai fährt Schliemann mit dem Dampfboot »Peking« nach Japan. Der Anfang des Japan-Berichtes ist mit Yedo (Tokio), 28. Juni 1865, datiert. Am 4. Juni kommt er in Yokohama an und bezieht im »Kolonialhotel« Quartier. Immer wieder betont er den auffallenden Gegensatz zwischen japanischen und den meisten chinesischen Orten, die besondere Reinlichkeit. Japan ist ein sehr sauberes Land, ja, die Ja-

paner sind für ihn das sauberste Volk der Welt! Staunend beobachtet er, dass sich hier die Menschen in eine Art Löschpapier – also Papiertaschentücher – schnäuzen. Japaner finden die Taschentücher aus Stoff, die die Ausländer tagelang benutzen und mit sich herumtragen, widerlich.

Auch in Yokohama geht der Reisende mit offenen Augen und Ohren durch die Stadt. Nichts scheint ihm verborgen zu bleiben: die mit Zwergbäumen (Bonsai) bepflanzten Gärten, das aus europäischer Sicht fehlende Mobiliar in den Häusern, das auf dem Fußboden sitzend eingenommene Essen von Reis, gebackenem, aber auch rohem Fisch. Der Millionär Schliemann erkennt, dass es in Europa viele unnütze luxuriöse Dinge gibt, die die Japaner nicht kennen oder brauchen.

Großes Interesse zeigt der Familienvater auch am japanischen Eheleben und der im Land verbreiteten Prostitution. Kurtisanen würden in Japan regelrecht verehrt. Bilder von ihnen seien sogar in Tempeln aufgestellt! In den öffentlichen Bädern liefen

In seinem ersten Buch »Reise durch China und Japan« widmete sich Schliemann auch der Beschreibung des Alltagslebens der beiden exotischen Länder. Der Holzstich aus dem Jahr 1889 zeigt ein Geschäft in Yokohama.

PARIS 5
La Nouvelle Sorbonne

An der Pariser Sorbonne begann der schon 44-jährige Schliemann zu studieren. Archäologie im heutigen Sinne stand damals noch nicht auf dem Lehrplan. Diese Fotografie entstand um die Jahrhundertwende.

Männer und Frauen ohne jegliche Scham nackt herum. Der Pastorensohn lässt sich natürlich auch über die Religion der Japaner aus und bemerkt, »dass die oberen Klassen der japanischen Gesellschaft mehr oder weniger skeptisch sind. Ihre religiösen Bräuche und ihre Tempel sind auf eine seltsam befremdliche Weise mit den allgemeinen Volksbelustigungen vermischt«.

Anfang 1866 kehrt Schliemann nach Europa zurück, nimmt seinen Wohnsitz in Paris; er wird die Hauptstadt des Zarenreiches nur noch zweimal wiedersehen.

Der Mann, der als Heranwachsender sehr gerne das Abitur gemacht hätte, belegt nun als mittlerweile 44-Jähriger und mit ausdrücklicher Zustimmung des französischen Kultusministeriums als Hörer Lehrveranstaltungen an der Sorbonne: Französische Sprache und Literatur im 16. und 19. Jahrhundert, griechische Philosophie und Literatur, arabische Sprache und Dichtung, ägyptische Philologie und Archäologie und vergleichende Sprachwissenschaft. Wie oft Schliemann die Lehrveranstaltungen besucht, lässt sich nicht mehr ermitteln. Fest steht aber: Der Mann reist weiter! Im Sommer 1866 kehrt er nach Russland zurück, wo er seine Fa-

milie wiedersieht, aber, der familiären Verhältnisse sehr bald überdrüssig, diesen zu entkommen versucht. Über Moskau und Nishnij Nowgorod erreicht er Samara, wo er zur Festigung seiner Gesundheit eine Kumys-Kur antritt; die vergorene Stutenmilch bekommt ihm aber nicht. Weitere Reisepläne, unter anderem nach dem Nordwesten der Türkei, werden deshalb nicht verwirklicht. Im September ist er in Odessa, bald darauf schon in Dresden und dann schließlich wieder in Paris.

Zwischen Ende Oktober 1867 und Mitte Januar 1868 bereist der Ruhelose erneut die Vereinigten Staaten sowie Kuba. Im Februar 1868 wird er, weil die Aussöhnung mit Jekaterina in unendliche Ferne gerückt ist, auf eigenen Antrag aus dem russischen Untertanenverband entlassen. Ein Jahr später nimmt er die amerikanische Staatsbürgerschaft an. Die Scheidung von seiner ersten Ehefrau erfolgt am 30. Juni 1869, dem Schicksalsjahr in Schliemanns Leben. Doch schon zuvor hat er sich endlich auf jene Reise gemacht, die die für ihn entscheidende Frage beantworten soll, die bei keiner seiner bisherigen Reisen im Mittelpunkt stand: *Ubi Troia fuit?* Wo lag das Troia Homers?

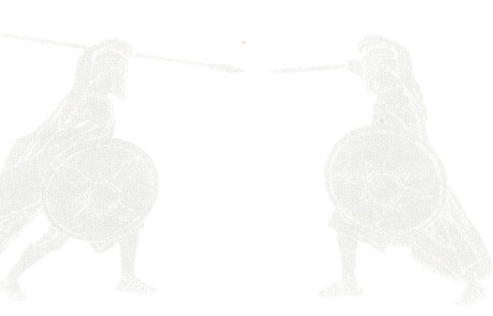

Wo lag das Troja Homers?

Das Schicksalsjahr 1869: Schliemann bricht die Brücken hinter sich ab – er wird US-Bürger, lässt sich scheiden, heiratet wieder und erlangt akademische Weihen. Endlich kann die Suche nach Troja beginnen – aber wo soll man den Spaten ansetzen? Fand Heinrich Schliemann allein zum Hügel Hisarlık oder hatte er Helfer, die ihm den entscheidenden Hinweis lieferten?

Blick auf das vielleicht schon im achten vorchristlichen Jahrhundert erbaute griechische und römische Heiligtum in Troja (Schichten VIII und IX)

WO LAG DAS TROJA HOMERS?

»Endlich war es mir möglich, den Traum meines Lebens zu verwirklichen, den Schauplatz der Ereignisse, die für mich ein so tiefes Interesse gehabt, und das Vaterland der Helden, deren Abenteuer meine Kindheit entzückt und getröstet hatten, in erwünschter Muße zu besuchen. So brach ich im April 1868 auf und ging über Rom und Neapel nach Korfu, Kephalonia und Ithaka, welches letztere ich gründlich durchforschte; doch nahm ich hier nur in der sogenannten Burg des Odysseus, auf dem Gipfel des Berges Aëtos, Ausgrabungen vor. Bei diesem Aufenthalte schon fand ich, dass die Localität der Insel mit den Angaben der Odyssee vollkommen übereinstimmte.« So lesen wir es heute noch in der Autobiographie Schliemanns.

Im Sommer 1868, mittlerweile 46 Jahre alt, macht sich Schliemann auf die Suche nach dem Schauplatz des trojanischen Krieges. Natürlich mit seinem Homer im Reisegepäck, der sein Evangelium ist. Über Paris, Rom und Neapel – erneute Besuche in Pompeji und Herculaneum stehen an – erreicht er Korfu und betritt schließlich am 8. Juli homerischen Boden: Ithaka, die Heimatinsel des großen Dulders und Getriebenen Odysseus, dem sich Schliemann charakterlich verbunden fühlt. Bei dilettantischen Grabungsversuchen zerstört er eine kleine Urne, in der er die Asche von Odysseus und Penelope vermutet. Darüber vergießt er bittere Tränen, ebenso wie die Einheimischen, wenn der fremde Mann mit großem Pathos aus der »Odyssee« vorliest. Den in diesem Epos und in einem zeitgenössischen Handbuch für Griechenlandreisende geschilderten Angriff von

Hunden eines Dorfes auf Fremde erlebt auch Schliemann. Durch das Literaturstudium kundig, setzt er sich auf die Erde und wartet demütig, bis der Besitzer der wilden Hunde diese zurückpfeift.

Nach wenigen Tagen Aufenthalt setzt er die Reise über Korinth nach Athen fort. Auf diesem Weg stattet Schliemann auch Mykene, Argos und Tiryns einen kurzen Besuch ab. Sein endgültiges Ziel ist aber der Nordwesten der Türkei. Mit dem Dampfboot »Nil« erreichte er von Piräus kommend am 8. August Konstantinopel und übernachtet im »Hôtel d'Angleterre«. Einen Tag später passiert er die Dardanellen und ist tags darauf schließlich in Bunarbaschi. Doch war er wirklich am Ziel?

Homer hatte in der Mitte des achten vorchristlichen Jahrhunderts in seiner »Ilias« den Kampf der Achäer (Griechen) gegen die Trojaner geschildert, vor allem die letzten und entscheidenden 49 Tage dieses Krieges. Seit Homer fragte man sich schon im Altertum: Wie viel Wahrheit steckt in der Geschichte um die schöne Helena, um die Erstürmung des einst mächtigen Trojas durch die Achäer? Die einen machten sich auf die Suche nach dem berühmten Kampfplatz, die anderen zweifelten an der Überlieferung. Homer war doch kein Historiker, sondern ein Dichter mit überschäumender Phantasie. Was wissen wir denn überhaupt über diesen »blinden Sänger«? Hat er denn überhaupt gelebt? Und wenn ja, wie viel konnte er denn von einer Zeit wissen, die fast 500 Jahre vor der seinen lag? Den »Trojanischen Krieg« ordneten antike Autoren und alte Chroniken um

Ein Getriebener wie Schliemann war auch der sagenhafte Odysseus. Hier wird er auf seinen Irrfahrten von den Sirenen bedrängt. Das Gemälde »Odysseus und die Sirenen« stammt von Henry James Draper und entstand im Jahr 1909.

Die Dardanellen, die Meerenge zwischen dem Ägäischen und Schwarzen Meer, vor Çanakkale

das Ende des 13. und den Beginn des 12. vorchristlichen Jahrhunderts ein. Der im 3. Jahrhundert v. Chr. lebende griechische Gelehrte Eratosthenes von Kyrene zum Beispiel gibt als Zeitspanne die Jahre 1218–1209, eine in Stein gemeißelte griechische Chronik, das Marmor Parium, 1194–1185 vor unserer Zeitrechnung an. Doch nicht nur die chronikalische Unsicherheit erschwerte die Suche nach Troja. Der Ort wurde doch gänzlich zerstört und war vom Erdboden getilgt! Zwar glaubten auch manche, dass das im ersten vorchristlichen Jahrhundert von Griechen gegründete Ilion im Nordwesten der heutigen Türkei wohl an derselben Stelle wie das berühmte alte Troja erbaut worden war, ebenso wie später das von den Römern errichtete Novum Ilium, das neue Troja. Doch war das sicher? Zweifel daran hatten weder der Perserkönig Xerxes noch Alexander der Große und Caesar, die an diesem Ort zu Ehren der homerischen Helden Opfergaben darbrachten.

Konstantin der Große zweifelte ebenso wenig an der Kontinuität zwischen altem und neuem Troja. Von seinem Plan, dort seine neue Hauptstadt zu errichten, rückte er zugunsten von Byzanz ab. Allmählich verblasste das Wissen um die »richtige Stelle«. Homers »Ilias« wurde von Vergils »Aeneis« verdrängt. Dadurch blieben zwar die Geschehnisse um den trojanischen Krieg im Gedächtnis, aber die Verortung des Schauplatzes geriet immer mehr in Vergessenheit. Anfang des 12. Jahrhunderts brach der Pilger Seawolf ins Heilige Land auf und kam dabei auch durch die Landschaft der Troas. Er sah dort die Ruinen von Alexandria Troas und glaubte den Aussagen der Einheimischen, dass dies die Überreste des homerischen Troja seien. Im Zeitalter der Renaissance erinnerte man sich wieder verstärkt an die altgriechisch geschriebenen Originaltexte. Und erneut stand die Frage im Raum: Gab es denn wirklich ein homerisches Troja und wenn

ja, wo lag es? Im Jahr 1627 identifizierte der englische Reisende und Dichter George Sandy die Flüsse Menderes und Dümrek Su mit den aus der Ilias bekannten Namen Skamander und Simois, an deren Zusammenfluss den Beschreibungen Homers zufolge die legendäre Stadt Troja gelegen haben soll. Doch diese Erkenntnis scheint sich nicht sehr verbreitet zu haben.

Englische Reisende und Mitglieder der 1734 gegründeten »Society of Dilettanti«, deren Augenmerk besonders auf die Antike gerichtet war, besuchten Mitte des 18. Jahrhunderts die Troas, ihre Suche nach dem sagenhaften Kriegsschauplatz blieb aber erfolglos. Der französische Altertumswissenschaftler Jean Baptiste le Chevalier (1752–1836) bereiste in den Jahren 1785 und 1786 die Troas und war der festen Überzeugung, das homerische Troja bei dem Dorf Bunarbaschi entdeckt zu haben. Die Hypothese von le Chevalier wurde von bedeutenden Fürsprechern unterstützt – angefangen vom damaligen französischen Gesandten in Konstantinopel Graf Choiseul-Gouffier über Feldmarschall Graf von Moltke bis hin zur Preußischen Akademie und dem führenden deutschen Altertumsforscher und Prinzenerzieher Ernst Curtius. Der österreichische Konsul und Forscher Johannes Georg von Hahn grub in Bunarbaschi im Mai 1864 zusammen mit dem Architekten Ernst Ziller (1837–1923), er errichtete später Schliemanns Wohnpalast und konzipierte dessen Mausoleum in Athen). Obwohl von Hahn nicht an ein reales Troja glaubte, war er der Meinung, dass Homer seinen mythischen Ort wahrscheinlich in der Gegend von Bunarbaschi angesiedelt hatte.

Und nun, Mitte August 1868, will der Kaufmann und Multimillionär Heinrich Schliemann hier, in Bunarbaschi, den Spaten ansetzen, um die Wahrheit der Erzählungen seines Lieblingsdichters Homer zu beweisen. Mögen auch viele über dieses Vorhaben den Kopf schütteln; das homeri-

Die Erstürmung der Stadt Troja in einer Darstellung von Johann Grüninger in der Straßburger Ausgabe von Vergils Aeneis von 1502 (kolorierter Holzschnitt)

47

sche Troja ist für den Abenteurer eben keine Märchenstadt, nach der man nicht zu suchen braucht. Also ans Werk! Doch bevor er mit einigen einheimischen Arbeitskräften zu graben beginnt, nimmt Schliemann erst einmal die Umgebung unter die Lupe. Der blinde Dichter spricht doch in seiner »Ilias« von einer kalten und einer warmen Quelle. Aber hier sind doch zahlreiche! Schliemann prüft mit einem Thermometer die Wassertemperatur der von ihm ausgemachten 34 Quellen. Stets werden 17,5 Grad Celsius angezeigt. Homer schildert die Verfolgung des stärksten homerischen Kriegers Hektor durch seinen griechischen Widerpart Achilleus. Beide haben den Burgberg dreimal umrundet, bevor Achilleus Hektor niederstreckt. Schliemann versucht, das Geschehene nachzuvollziehen. Nach mühevollem Weg beendet er den Rundgang nach zwei Stunden. Nein, hier kann das homerische Troja nicht gelegen haben! Hinzu kommt, dass Bunarbaschi viel zu weit vom Meeresufer entfernt liegt, wo sich bekanntlich das Schiffslager der Achäer befand. Wie sollte da an einem einzigen Tag der Kampf zwischen trojanischer Festung und griechischen Schiffen hin- und hergewogt sein?

Auch das Ida-Gebirge, von dem aus die olympischen Götter das Kampfgeschehen beobachteten und teilweise eingriffen, ist von Bunarbaschi aus nicht zu sehen. Grabungen erbringen gleichfalls keinerlei Beweise, dass hier einst das homerische Troja gestanden hätte. Doch die einst gewaltigen Festungsmauern, über die sich vor nunmehr knapp vierzig Jahren der kleine Heinrich in der »Weltgeschichte für Kinder« gewundert hat, können nicht einfach verschwunden sein! Die Vergeblichkeit seiner Anstrengungen muss Heinrich Schliemann ziemlich frustriert haben. Ein paar Tage streift er noch in der Umgebung herum und stößt dabei schließlich auf den Hügel Hisarlık, der nordöstlich von Bunarbaschi und viel näher am Meer liegt.

Aus Schliemanns Schriften könnte man den Schluss ziehen, dass die Gleichsetzung des Hügels Hisarlık mit dem homerischen Troja seine alleinige Erkenntnis war. Tatsächlich hat sich die Geschichte aber wohl anders abgespielt. Der Archäologe in spe kehrt nach erfolgloser Suche zum Hafenort Çanakkale zurück und verpasst sein Schiff nach Konstantinopel. Durch Zufall trifft er auf den Briten Frank Calvert (1828–1908), der seit seinem 16. Lebensjahr in der Gegend lebt. Er ist zu dieser Zeit amerikanischer Vizekonsul in der Dardanellenregion und als großer Kenner der Troas hoch geschätzter Reiseführer. Er würde sehr gern das homerische Troja selbst ausgraben, verfügt aber nicht über die nötigen Mittel dafür. Schliemann hingegen besitzt Geld im Überfluss.

Calvert gehört eine Hälfte von Hisarlık. Vor einigen Jahren hat er dort im Erdreich zahlreiche Reste von Bauten entdeckt. Er bemüht sich um finanzielle Mittel und hofft auf eine Unterstützung durch das Britische Museum in London – vergeblich. Der ortskundige Calvert berichtet nun Schliemann von seinen eigenen Ausgrabungen auf Hisarlık und davon, dass auch schon andere vor ihm in diesem künstlichen Hügel das alte Troja vermuteten. Hier und nirgendwo anders liege der Platz des griechischen Ilion und des römischen Novum Ilium und letztlich auch des homerischen Troja. Der Brite stützt sich auf Bücher des schottischen Zeitungsverlegers und Amateurgeologen Charles MacLaren und des deutschen Forschers Gustav von Eckenbrecher. Diese Theorie hatte MacLaren im Geburtsjahr Schliemanns, 1822, in einer ungedruckten Dissertation aufgestellt und später, 1863, auch veröffentlicht. Im Jahr 1842 kommt von Eckenbrecher unabhängig von seinem schottischen Zeitgenossen zum gleichen Ergebnis. In seiner »Ilios«, nun bereits mit zehnjähriger Ausgrabungserfahrung und einer umfassenden Kenntnis der Forschungsliteratur, nennt

Eine der brutalsten Szenen in der »Ilias«: Achilleus schleift den getöteten Hektor hinter sich her – ein beliebtes Motiv zu allen Zeiten, hier als kolorierte Kreidelithografie von 1841.

Das Ölgemälde von Giovanni Domenico Tiepolo (1696–1770) zeigt die wohl berühmteste Szene aus den Geschehnissen um Troja: den Einzug des trojanischen Pferdes in die Stadt.

Schliemann weitere frühe Anhänger der Hisarlık-Hypothese: George Grote (1846), Julius Braun (1856-58) und L. Schmitz (1857). Doch in den Augusttagen 1868 sind ihm diese Namen wohl noch fremd.

Es ist richtig, dass Schliemann erst von Frank Calvert den Tipp zum Ausgraben auf dem Hügel Hisarlık bekommt. Wahrscheinlich würden wir heute diesen Engländer als »Ausgräber von Troja« kennen und nicht Heinrich Schliemann, hätte das British Museum finanzielle Mittel bewilligt. Kann man Schliemann zum Vorwurf machen, er habe Calvert um den Erfolg betrogen, wie das in den 1990er-Jahren behauptet wurde?

In seinem zweiten Buch »Ithaka, der Peloponnes und Troja«, wenige Monate nach seiner Reise erschienen, bezeugt Schliemann die Vorreiterrolle des Engländers: »Nachdem ich zweimal die ganze Ebene von Troja aufmerksam untersucht habe, theile ich vollkommen die Ueberzeugung Calverts, dass die Hochfläche von Hisarlık die Stelle des alten Troja bezeichnet, und dass auf dem genannten Hügel seine Burg Pergamus gelegen hat.« Zwölf Jahre später allerdings lesen wir in »Ilios«: »Frank Calvert, früher Anhänger der Troja-Bunarbaschi-Theorie, bekehrte sich zu der Troja-Hisarlık-Theorie, die er jetzt energisch vertheidigt.« Hier könnte nun freilich der

unbedarfte Leser meinen, dass der Engländer sich erst nach den ersten Ausgrabungen Schliemanns auf dem Hügel Hisarlık von der Bunarbaschi-Theorie verabschiedet hätte.

Auch das von Schliemann immer wieder betonte freundschaftliche Verhältnis zu Frank Calvert ist einigen Belastungsproben ausgesetzt, wie noch aufzuzeigen sein wird.

Nach einem rund zehntägigen Aufenthalt in der Troas begibt sich Schliemann am 22. August 1868 nach Konstantinopel, um von dort nach Hause, das heißt nach Paris zurückzukehren. Er schreibt sein zweites Buch, wiederum auf Französisch: »Ithaque, le Péloponnèse, Troie. Recherches archéologiques«. Es erscheint zuerst Anfang 1869 in Paris, wenig später in der deutschen Übersetzung in Leipzig. Und mit diesem ersten archäologischen Werk Schliemanns, das noch ganz in der Form des Reiseberichtes und Tagebuchs verfasst ist, läutet der mecklenburgische Pastorensohn sein »Schicksalsjahr« ein.

Innerhalb eines halben Jahres geschehen vier große Ereignisse. Am 29. März 1869 wird der ehemals russische Staatsangehörige Bürger der Vereinigten Staaten von Amerika. Zwei Tage zuvor ist er in New York eingetroffen. Die neue Situation macht es ihm leichter, sich von seiner im

ITHAQUE
LE PÉLOPONNÈSE
TROIE

———

RECHERCHES ARCHÉOLOGIQUES
PAR
HENRY SCHLIEMANN.

Νῦν δὲ ὅτ Αἴνεια βίη Τρώεσσιν ἀνάξει
Καὶ παίδων παῖδες, τοὶ κεν μετόπισθε γένωνται.
Il. XX, 307-308.

PARIS
C. REINWALD, LIBRAIRE-ÉDITEUR
RUE DES SAINTS-PÈRES, 15.
1869

Mit seinem zweiten Buch wird Schliemann im April 1869 an der Rostocker Universität zum Dr. phil. promoviert.

Blick auf den Hügel Hisarlık um 1880. Dieses Bild ist das Frontispiz von Schliemanns bekanntestem Werk »Ilios. Stadt und Land der Trojaner«.

russisch-orthodoxen Ritus angetrauten Ehefrau scheiden zu lassen, was am 30. Juni in Indianapolis vollzogen wird. Zum Wechsel der Staatsbürgerschaft rät ihm sein Vetter Adolph, ein Jurist. Dieser ermuntert Schliemann auch dazu, sein Ithaka-Buch als Dissertationsschrift bei der Rostocker Universität einzureichen. Das Sprachengenie fügt dem französischen Werk einen Lebenslauf in mehreren Sprachen, darunter in Altgriechisch bei. In den Erinnerungen liest sich das so. »Ein Exemplar dieses Werkes nebst einer altgriechisch geschriebenen Dissertation übersandte ich der Universität Rostock und wurde dafür durch die Ertheilung der philosophischen Doctorwürde dieser Universität belohnt.« Aufgrund dieser Formulierung wird später in der Forschung mehrmals der Vorwurf laut, Schliemann sei ein Lügner, weil er behauptet, eine altgriechische Doktor-Dissertation geschrieben zu haben, während es sich dabei nur um einen Lebenslauf handelt. Letzteres ist richtig. Aber dennoch war und ist auch dieser Vorwurf unberechtigt. Schliemann benutzt das Wort »Dissertation« – und das ist in seiner Korrespondenz eindeutig nachweisbar – noch im umfassenden Sinn einer »dissertatio«, also einer wissenschaftlichen Abhandlung im Allgemeinen, und nicht als Begriff für eine schriftliche wissenschaftliche Arbeit zur Erlangung der Doktorwürde, wie er sich in der zweiten Hälfte des 19. Jahrhunderts einbürgert.

Die Promotion findet am 27. April 1869 in Abwesenheit Schliemanns statt, denn dieser befindet sich in den Vereinigten Staaten. Auf dem Papier hat der Kaufmann nun den Sprung zum Gelehrten vollbracht. Der akademische Grad in der Tasche könnte bei der Suche nach dem Troja Homers helfen, manche Türe zu öffnen. Doch etwas fehlt dem geschiedenen Amerikaner – eine Helena, die mit ihm das Glück des Suchens und Findens teilen soll. Eine Grie-

TROJA WIE ES JETZT AUSSIEHT.

Troja von der Brücke über den alten Skamander aus gesehen. Das Theater von Novum Ilium auf der Höhenkette zur Linken, welche das Simoeisthal begrenzt. Die derselben Hochebene angehörigen Hügel zur Rechten beherrschen die Skamanderébene. Hinter Hissarlik dehnt sich die Baustelle von Novum Ilium aus. Die Wolken zur Linken stehen über dem Ida-Gebirge. Zur Rechten von Hissarlik Schliemann's Häuser und Magazine.

Die Rostocker Universität in einer zeitgenössischen Aufnahme. Schliemann hielt 1875 hier einen sehr beachteten Vortrag über »Troja und seine Ruinen«.

chin, eine junge Griechin, die wie er für Homer schwärmt. In St. Petersburg hatte er Theóklitos Vimpos kennengelernt, den späteren Erzbischof von Mantineia. Er hat dem Sprachgewandten beim Erlernen des Neu- und Altgriechischen geholfen, und dieser soll nun für ihn die passende Frau finden. Schliemann schreibt ihm, dass er Athen und seine Einwohner über alles schätze, dass er eine griechische Frau glücklich machen werde und bittet ihn, eine Auswahl von Porträts potenzieller Ehefrauen zu schicken, was der Kleriker auch tut, allerdings verbunden mit einer Warnung: »Es gibt keine riskantere Sache auf der Welt als die Ehe. Wir Griechen pflegen zu sagen, wer sich ein Weib sucht, der hat vor sich einen Sack voller Schlangen, in dem sich auch ein Aal befindet; greift er nach dem Aal, so hat er Glück gehabt, greift er nach einer Schlange, so stürzt er sich ins Unglück.« Harsche Worte, fürwahr; selbst im aufgeklärten 19. Jahrhundert sind frauenfeindliche Aussagen dieser Art weit verbreitet.

Waren es zwei oder drei Bilder, die Vimpos Schliemann im Frühjahr 1869 sandte? Eine Fotografie zeigt Vimpos' Nichte, Sophia Engastromenos, die wohl das Augenmerk auf sich ziehen soll. Sie ist gerade 17 Jahre alt, Schliemann drei Jahrzehnte älter. Er ist sich nicht sicher, ob er eine 30 Jahre jüngere Frau glücklich machen

und mit ihr Kinder haben kann. An Vimpos schreibt der »frisch Verliebte«, dass Sophia unbedingt Sinn für die Wissenschaften haben muss, in denen er bereits weit fortgeschritten und damit zu ihrem ewigen Lehrer berufen ist.

Im August 1869 kommt es zu einem Treffen der beiden sich noch wesensfernen Menschen. Er erwartet von ihr Respekt, Liebe und Tugend. Er will keine Ehe aus finanziellen Gründen oder zur Befriedigung der Sinne. Für Schliemann erzeugt Respekt Liebe. Als er erfährt, dass Sophia ihn nur auf Wunsch ihrer Familie heiraten soll, weil er ein reicher Mann ist, zieht er sich schmollend in sein Athener Hotel zurück. Er reist nicht sofort ab. Er wartet. Mit Erfolg. Sophia kann und muss ihn wieder versöhnen. Die Heirat findet am 24. September 1869 statt. Bis aus diesem ungleichen Paar eine feste Ehegemeinschaft entsteht, vergeht Zeit. Leidet Sophia in den ersten Monaten unter der *Anwesenheit* Heinrichs, wird das später an seiner *Abwesenheit* liegen.

Im September 1869 ist der Weg für den frischgebackenen Doktor und Ehemann frei, sich so schnell wie möglich um den Besitz einer türkischen Ausgrabungserlaubnis (Ferman) zu bewerben, um am Hügel Hisarlık ein für alle Mal eine Antwort auf die Frage zu finden: *Ubi Troia fuit?*

Zweifel

Endlich – die Grabungen beginnen. Doch sie
erweisen sich schwieriger und gefährlicher als
gedacht. Die zutage geförderten Funde sind dagegen
zunächst unbefriedigend. Gab es Troja am Ende
doch nicht? Ist aller Aufwand, alle Mühe vergeblich
gewesen? Ein erster großer Fund gelingt – aber auch
eine handfeste Blamage gilt es wegzustecken.

*Schliemann skizziert die Mauern
Trojas bei einer Grabungskampagne
im Jahr 1885.*

ZWEIFEL

So siegessicher sich Schliemann in der Öffentlichkeit auch gibt, Zweifel an seinem Erfolg, das homerische Troja zu finden, plagen ihn anfangs auch selbst. Zweifel haben einige Forscher und Biographen sogar daran, dass er auch nach seiner Begegnung mit Frank Calvert am 15. August 1868 überhaupt daran dachte, auf Hisarlık zu graben. Kein Wort steht darüber in seinem »Ithaka«-Buch. Ja, sollte denn der in der Archäologie noch unerfahrene Mann dem Publikum und vor allem der gelehrten Welt schon ein Unterfangen mitteilen, dass noch so viele Unsicherheiten in sich barg? Schliemann bewegt sich in vielerlei Hinsicht auf unsicherem Terrain. Was bedeutet denn Archäologie zur damaligen Zeit? Doch in erster Linie der Vergleich von Architektur- und Keramikstilen und die Beschreibung von antiken Statuen. Pompeji und Herculaneum verdanken ihre Entdeckung einem Zufall. Im Jahr 1829 finden in Olympia französische Grabungen unter Leitung des Bildhauers J. J. Dubois und des Architekten Abel Blouet statt. Deren Entdeckungen sollen den 15-jährigen Ernst Curtius mit der »Olympischen Idee« infiziert haben und letztlich zu dessen großer Ausgrabung von Olympia zwischen 1875 und 1881 führen. Das war aber erst nach Schliemanns ersten Ausgrabungskampagnen auf dem Hügel Hisarlık! Die Franzosen stellen ihre Arbeiten in Olympia schon nach überraschend kurzer Zeit wieder ein. Man scheut noch vor der Freilegung eines ganzen Ortes zurück. Genau eine solch anspruchsvolle Aufgabe aber hat Schliemann vor sich. Mehr noch: Er will beweisen, dass jener mythische Ort, der in antiken Schrif-

ten nur erwähnt wird und vom Erdboden verschwunden ist, tatsächlich existiert hat, und er muss dafür eine gewaltige Tiefengrabung vornehmen. Die Stätte von Olympia war bekannt, die von Troja nicht. Verständlich, dass er diese ungeheure Aufgabe nicht hinausposaunt und sich darüber vorerst nur in seinen Briefen äußert.

Schliemann weiß, dass sich die Fachwelt nach Erscheinen seines »Ithaka«-Buches über den Träumer und spleenigen Millionär lustig machen wird. Troja ist doch eine Fiktion! Wie will gerade ein Kaufmann beweisen, dass ein homerisches Troja existiert hat? In dieser Voraussicht schreibt er am 9. Dezember 1868 aus Paris trotzig an seinen Vater: »Mein archäologisches Werk habe ich jetzt beendet, ich habe auch schon einen Verleger dafür; es kommt jetzt zum Druck und da ich Strabo und Alle, die nach ihm über Troja schreiben, umstoße so wird viel gegen mein Buch geschrieben werden. Indes ist mir nicht bange, da ich *überall* Beweise gebe und nichts ohne klare Facta behaupte.«

Das Ausgrabungsfeld in Olympia, das unter der Leitung von Ernst Curtius erforscht wurde, mit dem Schliemann erfolglos um die Grabungsrechte konkurrierte.

Eines der bekanntesten Porträts Heinrich Schliemanns wurde 1877 in London von Sydney Hodges (1829–1900) gemalt.

Bereits eine Woche nach seinem Treffen mit Calvert berichtet Schliemann aus Konstantinopel seiner Schwester Doris und seinem Schwager Hans über seine erste Reise zu den homerischen Orten, die ihm den interessantesten und angenehmsten Sommer seines bisherigen Lebens bescherte. Er schreibt: »Auf dem großen Platze, wo Troja gestanden haben soll« – gemeint ist Bunarbaschi –, »habe ich an 30 verschiedenen Stellen Ausgrabungen gemacht, und da ich keine Topfscherben, noch Stücke von Ziegeln entdeckte, so steht es fest, dass Troja dort nie gestanden hat. Nach meiner Überzeugung ist es unter den Trümmern des von Alexander dem Großen gegründeten Ilium zu suchen und beabsichtige ich, im nächsten April den ganzen Berg Hisarlık bloßzulegen; denn ich glaube bestimmt, dort Pergamos, die Burg von Troja, zu finden.« Doch 1869 wird er nicht dazu kommen, mit den Ausgrabungen zu beginnen, wie wir im vorigen Kapitel gesehen haben.

Schliemann verlässt sich auf Frank Calverts Hilfe bei der Beschaffung der türkischen Ausgrabungserlaubnis. Und dieser bemüht sich ernsthaft um diesen Ferman, vielleicht auch in der Hoffnung, Mitstreiter des reichen Mannes zu werden. Er bietet ihm seine ganze Erfahrung und Hilfe dabei an, die Antwort auf die Frage »ubi Troia fuit« zu finden. Sollte der Ferman nicht rechtzeitig eintreffen, dann könnte Schliemann

Der Holzstich zeigt einen Blick auf die Hochebene Ilium Novum und den Hügel Hisarlık, 1874.

schon einmal auf jenem Teil des Hügels Hisarlık graben, der ihm, Calvert, gehört.

Der Briefwechsel zwischen beiden Männern um den Jahreswechsel 1868/69 ist äußerst aufschlussreich. Schliemann fragt, Calvert antwortet. Wann ist die beste Jahreszeit, um mit den Ausgrabungen zu beginnen? Gleich im Frühjahr, vor der heißen Jahreszeit und bevor die Erntezeit die Löhne der Grabungsarbeiter in die Höhe treibt. – Wie sieht es mit der medizinischen Versorgung im Land aus? Er, Schliemann, wird oft von Fieberanfällen heimgesucht. Calvert beruhigt ihn. Das Klima der Gegend ist der Gesundheit nicht abträglich, insbesondere im Frühjahr ist es gut. – Muss man ein eigenes Zelt und ein eiser-

nes Bettgestell mitbringen, wo doch alle Häuser in der Ebene von Troja voller Ungeziefer sind? Braucht man Waffen wie Pistolen, Gewehre und Dolche? Calvert beantwortet alle Fragen ausführlich: Bringen Sie Waffen mit, so viel Sie für Ihre Sicherheit brauchen. Ich selbst trage nur ein Gewehr mit mir, wo immer ich hingehe …

Danach geht es um die Ausgrabungsbedingungen, die Anwerbung von Grabungsarbeitern und deren Anzahl sowie um die Ausdehnung des Hügels und um die Frage, was Calvert zu der Schlussfolgerung geführt hat, dass der Hügel künstlichen und nicht natürlichen Ursprungs sei. Der ortserfahrene Engländer empfiehlt griechische Arbeiter aus dem Dorf Renkioi, nennt den üblichen

Arbeitslohn und rät dazu, etwa 80 Männer anzuwerben. Calvert schlägt vor, auf dem Hügel Hisarlık Suchgräben durch die Humusschicht anzulegen; wenn dabei etwas Besonderes zum Vorschein kommt, solle man an dieser Stelle weitergraben. Diese Methode habe Sir Austen H. Layard (1817–1894) bei seiner Freilegung der Ruinen von Ninive in den Jahren von 1845 bis 1848 erfolgreich angewandt. Bei seinen bisherigen Ausgrabungen auf jenem Teil des Hügels, den er besitzt, habe er, Calvert, genügend Beweise dafür gesammelt, dass der Hügel künstlich entstanden ist. Dass Schliemann letztlich 16 Meter in die Tiefe graben muss, um den »jungfräulichen Boden« zu erreichen, konnte Calvert freilich noch nicht wissen.

Im April 1869 teilt Schliemann Calvert aus Indianapolis mit, dass sich die Scheidung von seiner russischen Ehefrau Jekaterina noch hinziehen wird, er also nicht daran denken könne, bereits in diesem Jahr mit den Ausgrabungen zu beginnen. Aber im nächsten Frühjahr wird es soweit sein! Und in der Tat nimmt Schliemann im April 1870 seine Grabungstätigkeit auf dem Hügel Hisarlık für wenige Tage auf. Aber der unabdingbare Ferman fehlt, was den sofortigen Abbruch dieser nicht genehmigten »Probegrabung« nach sich zieht. Weitere anderthalb Jahre verstreichen, ehe er, nun endlich mit Erlaubnis der türkischen Behörden, nach dem sagenhaften Kriegsschauplatz suchen kann.

Auch der britische Archäologe Sir Austen Henry Layard begann als Amateur. Bei seinen umfangreichen Grabungen in Ninive und Nimrud in Assyrien entwickelte er eine neue Grabungstechnik.

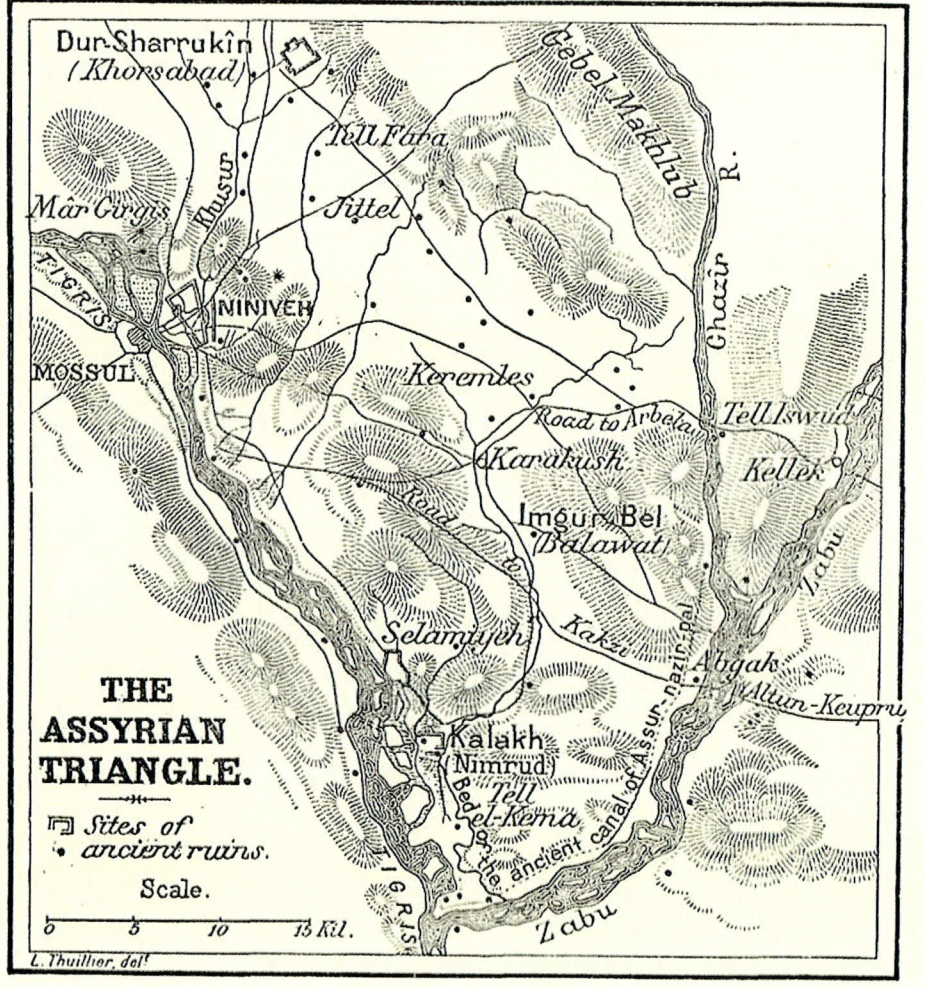

Die Akropolis von Pergamon war Ziel einer kleinen Expedition unter der Führung von Ernst Curtius 1871. Unterwegs ließ es sich die Archäologie-Koryphäe Curtius nicht nehmen, auch Hisarlık einen Besuch abzustatten.

Ruhig zu Hause in Athen sitzen kann Schliemann auch diesmal nicht. Also fährt er, manchmal in Begleitung seiner jungen Frau, nach Dresden, Wien und Genf, mehrmals nach Paris, nach Berlin und London und auch nach Konstantinopel, um dort mit dem Minister Safvet Pascha persönlich über seinen Ferman zu verhandeln. Die Reisen in die französische Hauptstadt in der Zeit des Deutsch-Französischen Krieges und der Pariser Kommune verlangen Schliemann Mut und List ab. Der mehrfache Hausbesitzer will in Kriegszeiten selbst nach dem Rechten sehen. Dem Vetter Adolph schildert Heinrich in einem Brief vom 14. März 1871 seine Erlebnisse: »Die Empfehlungsbriefe des preußischen Gesandten nach Straßburg und Versailles nützten mir nichts, denn … vor Ablauf des Waffenstillstandes [sollte] niemand nach Paris hineingelassen werden. In meiner brennenden Ungeduld aber bediente ich mich des Erlaubnisscheins des Postmeisters Charles Klein in Lagny und zog dessen Uniform an.« Hätte man den dreisten Betrug entdeckt, wären die Folgen für ihn unabsehbar gewesen. Zu seiner großen Freude findet Schliemann seine Häuser und vor allem seine geliebte Bibliothek unversehrt.

In Berlin trifft Schliemann im Juli 1871 mit Professor Ernst Curtius zusammen, dem führenden Vertreter der Altertumswissenschaft in Deutschland und, wie schon bemerkt, einem Anhänger der Bunarbaschi-Theorie. Der Autodidakt und der Gelehrte finden keine gemeinsame Sprache. Curtius besichtigt wenig später auf seiner Reise nach Pergamon auch Hisarlık und die Spuren von Schliemanns unerlaubter Versuchsgrabung und ist davon in keiner Weise beeindruckt.

Endlich, am 18. August 1871, erhält Schliemann in London durch Vermittlung des amerikanischen Botschafters in Konstantinopel den Ferman. Dieser sieht die Teilung aller Funde zwischen Schliemann und der Türkei vor, während die Kosten allein der Ausgräber zu tragen hat. Häusliche Angelegenheiten in Athen verhindern einen sofortigen Aufbruch in die Troas. Und auch dort gilt es noch einige Schwierigkeiten mit den türkischen Behörden zu überwinden.

Die erste Grabungskampagne beginnt am 11. Oktober 1871 und endet am 24. November, also keineswegs wie mit Calvert besprochen in einem Frühjahr. Daran ist freilich Schliemanns Ungeduld schuld.

Professor Ernst Curtius (1814–1896) zählte im 19. Jahrhundert zu den führenden Altertumswissenschaftlern in Deutschland.

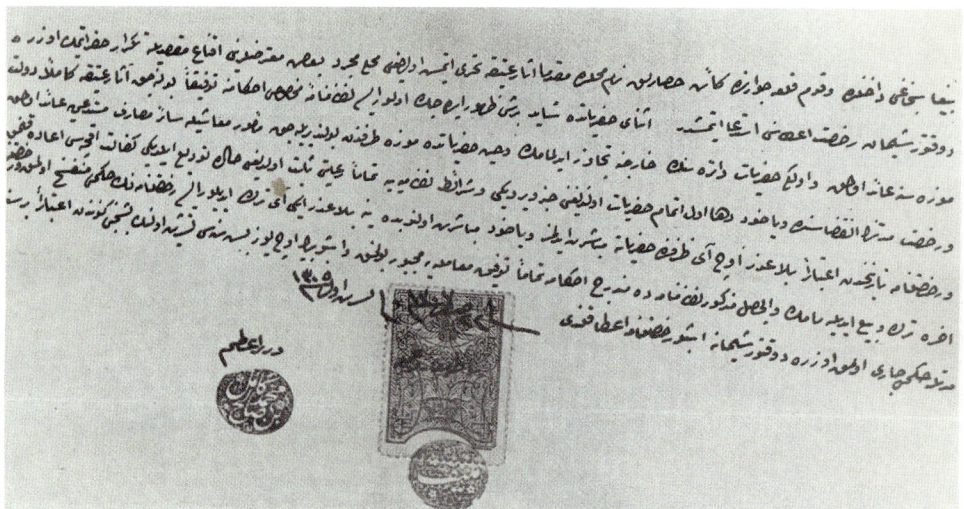

Ein vom Osmanischen Reich ausgestellter Ferman, der die Ausgrabungsgenehmigung für Heinrich Schliemann regelte.

Nun hat er die Grabungserlaubnis und will nicht bis zum Beginn des nächsten Jahres warten. Er hat keine Zeit zu verlieren, und möchte den Beweis sofort antreten, kein Phantast zu sein und dass es in Vorzeiten einen Herrschersitz des Priamos und einen Tempel der Athena gegeben hat.

Er will ganz tief unten im Hügel Hisarlık die Überreste Trojas freilegen. Aus der »Ilias« weiß Schliemann, dass er nach Bronzewerkzeugen, -gerätschaften und -waffen, Goldschmuck und Fundamenten einst großer Paläste sucht. Und was findet er am Beginn seiner Grabungen? Werkzeuge, Gerätschaften und Waffen aus Stein und die winzigen Grundmauern elender Hütten! Sein Entsetzen darüber äußert er in einem auf Englisch verfassten Brief vom 30. Oktober 1871 an James Calvert, einen Bruder von Frank: »Stellen Sie sich meinen Schrecken vor. Ich kam gestern zur Steinperiode oder besser: zu *einer* Steinperiode, denn ich fand eine Masse an Steinäxten und anderen Steinwerkzeugen und kein Metall.« Schliemann gerät ins Grübeln. Ihm ist natürlich das Dreiperiodensystem bekannt, das vor knapp 50 Jahren von Ch. J. Thomsen, J. F. Danneil und G. C. F. Lisch unabhängig voneinander aufgestellt wurde.

Eines von mehreren Steinbeilen, die Schliemann auf dem Hügel Hisarlık fand.

Es teilt das menschliche Zeitalter nach dem jeweils vorherrschenden Material für die Werkzeugherstellung ein. Demzufolge kommt zuerst die Steinzeit, dann die Bronzezeit, in die das homerische Troja gehört und zuletzt die Eisenzeit. Es kann doch nicht sein, dass Artefakte der Steinperiode *über* bronzezeitlichen Schichten liegen! Existierte doch kein bronzezeitliches Troja? Nein, das darf nicht sein. Wahrscheinlich gab es hier einmal eine Invasion von Barbaren, die nur Steinwerkzeuge kannten. Doch in sein Tagebuch notiert der Enttäuschte am 1. November, dass er von nun an nicht mehr daran glaube, Troja jemals hier unter dem Hügel Hisarlık zu finden. Die Familien von James und Frederick Calvert und später auch Frank ermuntern ihn zum Weitergraben bis auf den felsigen Grund.

Wie wir es von ihm kennen, schont Schliemann sich auch jetzt nicht. Archäologie ist sein neuer Beruf. Tagsüber steht er auf dem Grabungsfeld, teilt die Arbeiter ein und weist ihnen ihre Aufgaben zu, beaufsichtigt ihr Werk und greift eigenhändig zum Spaten. Abends gilt es die Grabungsergebnisse in das Tagebuch einzutragen, Briefe zu lesen und zu beantworten, Be-

Gesichtsvase aus Ton (Troia II–V). Diese Art von Gefäßen bezeichnete Schliemann auch als »Eulenkopfvasen«. Durch diesen Fund bekam er Verbindung zu seinem späteren Freund Virchow.

richte für deutsche, englische und griechische Zeitungen zu verfassen. Seine Angst vor wiederkehrenden Malaria-Anfällen bekämpft er mit der Einnahme von zwei bis vier Gramm Chinin pro Tag. Damit und mit anderen Medikamenten und medizinischen Ratschlägen kuriert der Doktor phil. auch manchen Grabungsarbeiter und Männer, Frauen und Kinder aus der Umgebung. Sogar Wunden von Pferden, Kamelen und Eseln werden von ihm mit einer Arnikatinktur geheilt.

Schliemann notiert fast täglich seine Erlebnisse und Entdeckungen während der Ausgrabung, fasst diese aber bereits in unregelmäßigen Abständen zu Berichten zusammen, die dann für den Druck überarbeitet in seinem Buch »Trojanische Alterthümer« im Jahr 1874 bei Brockhaus in Leipzig erscheinen werden. Zuvor hat er schon in mehreren Artikeln in der viel gelesenen »Augsburger Allgemeinen Zeitung« über seine Tätigkeit geschrieben. Die an den Tag gelegte Ungeduld bei der Veröffentlichung seiner Erkenntnisse zählt zu den Schwächen des angehenden Archäologen. Das ist Schliemann durchaus bewusst, leitet er doch sein neues Buch mit den Worten ein:

»Wenn meine Aufsätze hin und wieder Widersprüche enthalten, so hoffe ich, dass man mir diese zugute halten wird, wenn man berücksichtigt, dass ich hier eine neue Welt für die Archäologie aufgedeckt, dass man bis jetzt noch nie oder nur höchst wenige solcher Sachen gefunden, wie ich sie zu tausenden ans Licht gebracht, dass mir daher alles fremd und räthselhaft erschien, und ich somit oft Vermuthungen wagte, die ich bei reiflicher Ueberlegung wieder umwerfen musste, bis ich endlich zur gründlichen Einsicht gelangte und auf viele thatsächliche Beweise gegründete Schlüsse ziehen konnte.«

Eine seiner größten Schwierigkeiten sei es aber gewesen, die enorme Schutthäufung in Troja mit der Chronologie in Einklang zu bringen, und dies sei ihm trotz langen Forschens und Grübelns nur teilweise gelungen.

Welche Ziele er verfolgt, was er sich erhofft, verrät der von den bescheidenen Funden ernüchterte Homer-Enthusiast in seinem dritten Bericht vom 3. November 1871: »Meine Ansprüche sind höchst bescheiden; plastische Kunstwerke zu finden hoffe ich nicht. Der einzige Zweck meiner Ausgrabungen war ja von Anfang nur, Troja aufzufinden.« Es reiche ihm schon, durch seine Arbeiten »bis in das tiefste Dunkel der vorhistorischen Zeit vorzudringen und die Wissenschaft zu bereichern durch die Aufdeckung interessanter Seiten aus der urältesten Geschichte des großen hellenischen Volks«. Die Auffindung der Steinperiode habe ihn nur noch begieriger gemacht, bis zu der Stelle vorzudringen, die von den ersten hierher gekommenen Menschen betreten worden sei, »und ich will bis dahin gelangen, sollte ich selbst noch 50 Fuß zu graben haben«.

Bei fortgesetzten Grabungen kommen auch Gefäße mit »Eulenköpfen«, sogenannte Gesichtsvasen, zum Vorschein, die ihn an Athena, die Schutzgöttin Trojas, erinnern.

Immer wieder klagt er über unzuverlässige Arbeiter, über schlechtes Wetter und die ungeheuren Schuttmassen, die beiseite-geräumt werden müssten, um zum Urboden zu gelangen. Dafür scheut er aber weder Mühen noch Kosten. Dass der Mann in seinem Eifer dabei archäologische Zusammenhänge unwiederbringlich zerstört und im ersten Grabungsjahr Mauern abbrechen lässt, ohne sie zuvor zu dokumentieren, das wird ihm bis heute vorgeworfen.

Als das Wetter für Ausgrabungen immer ungünstiger wird, lässt Schliemann die Arbeiten Ende November vorerst einstellen. Er kehrt nach Athen zu seiner jungen Frau und seinem fast sieben Monate alten Töchterchen Andromache zurück. Hier nimmt er sich Zeit zur Erholung und zum Nachdenken, wie er seinem Tagebuch anvertraut.

Die zweite Grabungskampagne beginnt nun tatsächlich im Frühjahr. Sie dauert vom 1. April bis zum 14. August 1872, und sie wird reicheren Ertrag abwerfen als die letzte. Die Voraussetzungen für ein gutes Gelingen sind allerdings auch besser als im Vorjahr: Schliemann wird vom Bauingenieur Laurent begleitet, der Karten und Pläne zeichnet. Schliemann stellt drei Aufseher ein, die die 100 bis 150 Grabungsarbeiter überwachen. Die Firma Schröder in London hat Schubkarren, Spitzhacken und Spaten von bester englischer Qualität und in ausreichender Anzahl geliefert. Was kann da noch schiefgehen?

Der Anfang der neuen Grabungskampagne beginnt erst einmal »lebensgefährlich«. Die Arbeiter fördern zunächst nämlich eine Unzahl von giftigen Schlangen zutage, die Schliemann »Antelion« nennt, da der von ihnen Gebissene nur noch bis Sonnenuntergang zu leben hat. Entgeistert nimmt Schliemann zur Kenntnis, wie seine Arbeiter mit den »gefährlichen« Tieren spielen. Sie erklären ihm, dass sie von den Schlangen wüssten, deshalb einen Sud aus einheimischem Schlangenkraut trinken und sich dadurch gegen das Gift immunisieren. Schliemann will diesen Trunk auch, und der Kaufmann in ihm überlegt, ob man damit auch den Biss einer indischen Brillenkobra unschädlich machen könnte. Das wäre ein sicheres Geschäft. Aber vermutlich haben ihn seine Arbeiter doch nur zum Narren gehalten.

Weitere Gesichtsvasen kommen zum Vorschein und eine große Anzahl von Doppelhenkelbechern aus Ton, ebenso Mauern aus hellenistischer Zeit. Schliemann schöpft Hoffnung, an der richtigen Stelle zu graben. Homers Angaben zur Lage Trojas – »am Bergvorsprung erbaut«, »hochgelegen« und vor allem »windig« – treffen auf jeden Fall zu. Hier, auf dem Hügel Hisarlık, pfeift der Wind unablässig.

Am 13. Juni 1872 kommt es zur ersten bedeutenden Entdeckung! Im Areal eines als Athena-Tempel identifizierten Baus aus hellenistischer Zeit wird ein schöner Triglyphenblock aus parischem Marmor freigelegt, der den Sonnengott Helios und vier Pferde im Galopp zeigt, die den (nicht sichtbaren) Sonnenwagen ziehen. Schliemann ist begeistert und feiert den Fund in seinem zehnten Bericht vom 18. Juni mit überschwänglichen Worten. Sein ursprünglicher Tagebucheintrag fällt da deutlich nüchterner aus: »Georgios Ph. hat heute auf der unteren Terrasse auf dem Feld von Fr. Calvert einen 2 m langen, 85 Ctm Breiten u 55 u 36 Ctm dicken Marmor mit einer herrlichen Sculptur aus der Zeit Alex. des Gr. gefunden; die Sonnengöttin auf dem Wagen sitzend wird von 4 Pferden gezogen; die Arbeit ist ausgezeichnet; …« Schliemann lässt sich anfangs durch ein langes »Frauengewand«, das die Figur trägt, in die Irre führen. Im zusammengefassten Tagebuchbericht spricht er schon vom Sonnengott und in der gedruckten Fassung dann von Phoebus Apollo, der gelegentlich mit Helios gleichgesetzt wird.

Dieser Triglyphenblock wirft allerdings noch ein schwerwiegendes Problem auf. Er wird auf jenem Teil des Hügels gefunden, der Frank Calvert gehört. Beide Män-

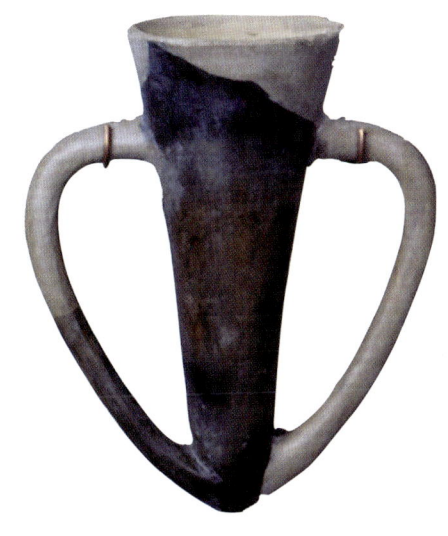

Einer von zahlreichen Doppelhenkelbechern (»depas amphikypellon«) aus den Schichten Troia II bis Troia V

ner haben eine Teilung der Funde vereinbart, analog zum Vertrag zwischen Schliemann und dem Osmanischen Reich. Was tun? Das unschätzbare Stück zersägen? Calvert will das nicht. Also zahlt der Deutsch-Amerikaner den Briten aus. Calvert erhält 49 englische Pfund für seine Hälfte des Marmorblocks. Später wird Schliemann den Wert dieses Fundstückes mit 4000 Pfund beziffern. Der Partner erfährt davon, fühlt sich betrogen und ist von dem reichen Ausgräber tief enttäuscht. Die zeitweilige Missstimmung wird drei Jahre später in der englischen Presse Wellen schlagen, wo Calvert Schliemanns anfängliche Unwissenheit bloßstellt.

Wenige Wochen nach der Entdeckung der Helios-Metope ereignet sich auf dem Ausgrabungsplatz ein schwerer Arbeitsunfall. Eine Grabenwand gerät plötzlich ins Rutschen und begräbt den Vorarbeiter Georgios Photidas und einen weiteren Mann unter sich. Die Angst ist groß, dass beide Männer das nicht überleben. Doch die Rettung glückt. Schliemann selbst gräbt Georgios mit seinem Taschenmesser aus dem Erdreich heraus. So jedenfalls teilt er es der Öffentlichkeit mit. Er nimmt sich nun vor, etwas langsamer und vorsichtiger graben zu lassen. In einem vor einigen Jah-

Teil der »Helios-Metope« aus hellenistischer Zeit, die Schliemann 1872 fand und die zum zeitweiligen Bruch mit Frank Calvert führte.

ren im Fernsehen gesendeten Zweiteiler über Schliemann und dessen erste Grabungen auf dem Hügel Hisarlık hat der Unfall übrigens tödliche Folgen. So glaubt der Drehbuchschreiber wohl die Besessenheit des Kaufmanns und Forschers besser zum Ausdruck zu bringen, der keine Rücksicht auf Verluste nimmt.

In größerer Tiefe macht man eine aus heutiger Sicht kuriose Entdeckung, deren noch kuriosere Erklärung sich nur mit Schliemanns eigenen Worten wiedergeben lässt: »Ich kann die Beschreibung der untersten Schuttschichten nicht schliessen, ohne zu erwähnen, dass ich zwischen den grossen Steinblöcken, in 12 bis 16 Meter Tiefe, zwei Kröten, auch in 12 Meter Tiefe eine kleine sehr giftige Schlange mit

schildförmigem Kopfe fand. Letztere kann von oben dahin gelangt sein; dies ist aber unmöglich für die grossen Kröten, und müssen dieselben 3000 Jahre in diesen Tiefen zugebracht haben.« Es sei sehr interessant, in den Ruinen Trojas »lebende Geschöpfe aus der Zeit des Hector und der Andromache zu sehen, selbst wenn diese Geschöpfe nur Kröten sind.« Es liegt auf der Hand, dass diese naive Schlussfolgerung spöttische Kommentare geradezu herausfordert. Der »Kladderadatsch« veröffentlicht dazu ein herrliches Gedicht.

Beseitigen die echten und vermeintlichen Funde alle Zweifel, dass hier auf Hisarlık das alte Troja stand und dass Homer recht hat? Natürlich nicht. Dazu bedarf es schon ernst zu nehmender Beweise.

»Wie Herr Heinrich Schliemann die letzten Zeitgenossen des Priamus fand«

(aus: Kladderadatsch XXVII, Nr. 11, 8. März 1874, S. 43)

Sechzehn Meter unterm Lichte
Sitzt manch liebes langes Jährchen
Unter Troja's heil'gen Resten
Still und froh ein Krötenpärchen.

Als die rücksichtslosen Griechen
Priams hohe Stadt vernichtet,
Haben schirmend über Beiden
Sich die Trümmer aufgeschichtet.

Völker kamen, Völker gingen,
Manchen Ort noch trug die Stätte;
Höher thürmte sich die Decke
Ob der Beiden stillem Bette.

Und so saßen sie beschaulich;
Droben lief der Strom der Zeiten –
Tausend Jahr zählt eine richt'ge
Kröte zu den Kleinigkeiten!

Kaum vermißten beide Thierchen
Das Ozon für ihre Lungen,
In Ermanglung andrer Speise
Zehrend von Erinnerungen.

Und sie sprachen von den Tagen,
Die so lange schon vergangen,
Wo an Priams biedrem Arme
Züchtig Hecuba gehangen –

Wo auch Helena gewandelt,
Selbst den Greisen ein Ergetzen,
Ohne Ahnung, daß in Noten
Offenbach[1] sie würde setzen –

Wo im Thale des Scamander
Auf den Schild der Speerstoß krachte,
Wo des Obotriten[2] Schliemann
Selbst Cassandra noch nicht dachte.

Aber als dreitausend Jahre
Ueber ihnen hingeschwunden,
Fühlen sie von einer Hacke
Eines Morgens sich geschunden.

Und von milden Sommerlüften
Finden sie sich bald umfächelt,
Sehn sich von Homeros' Sonne
Und von Schliemann angelächelt.

Aber sie, die Troja's Mauern
Stürzen sahen ohne Zagen,
Mögen dieses Augenblickes
Stille Größe nicht ertragen.

Ihre Pulse schlagen matter,
Ihre Augen blicken trüber;
Still der Blick auf ihn geheftet
Schlummern Beide sanft hinüber.

Thränen füllten Heinrichs Augen,
Und er sprach mit Schmerz: Es hat ihn!
Auf die Leichen deckte weinend
Das bekannte Tuch die Gattin.

Am Gestad' des blauen Meeres
Ward der Feuerstoß errichtet,
Ob der Urne mit der Asche
Hoch ein Hügel aufgeschichtet.

Schlaft nun sanft den ew'gen Schlummer,
Frei von allen Erdennöthen!
Denkt die Nachwelt Heinrich Schliemanns,
Denkt sie euer auch, ihr Kröten.«[3]

[1] Die Uraufführung der Operette »Die schöne
Helena« von Jacques Offenbach erfolgte am
17. Dezember 1864 in Paris, die Erstaufführung
der deutschsprachigen Fassung ein Jahr später
in Berlin.
[2] Obotrite (Abotrite) war ein Angehöriger eines
altslawischen Stammes in Mecklenburg.
[3] Der Verfasser dieses Gedichtes rechnete wohl
nicht mit Schliemanns dauerhaftem Ruhm.

Und Homer hat doch recht!

Viele kleine Funde, Mauerreste, ein Turmfundament, Inschriften aus römischer Zeit, eine Toranlage, schließlich eine gepflasterte Straße – Schliemann ist überzeugt, am richtigen Platz zu stehen, endlich Homers Troja gefunden zu haben. Aber wo sind die Beweise? Das fragen sich viele Zeitgenossen. Der Bruch mit seinem ehemaligen Partner Calvert lässt sich nicht mehr kitten – er wird öffentlich in der Presse ausgetragen.

Die Ruinen auf dem Hügel Hisarlık auf einer Fotografie um die Jahrhundertwende

MONTES IDÆ

SCAMANDER FL.

SIMOIS FL.

Rhæteum

Sigeum

MARE ÆGEUM

Ostia Scamandri

TROJA *cum Locis pertingentibus.* 1 *Porta Scæa* 2 *Fagus.* 2 *Caprificus.* 3 *Fontes Scamandri duo.* 4 *Callicolone prope Simoim.* 5 *Batiea seu Sepulcrum Myrinnes.* 6 *Ili Monimentum.* 7 *Tumulus Æsietis.* AA. *Murus Achivorum.* B. *Locus Pugnæ ante naves in lib.* 8. 12. 13. 14. C. *Gesta Diomedis hoc loco lib.* 5. D. *Achillis & Scamandri Certatio lib.* 22. E. *Locus Pugnæ in lib.* 6. F. *Pugnæ in lib.* 11. G. *Pugnæ in lib.* 20.

J. Peeters fecit

UND HOMER HAT DOCH RECHT!

Bei heißem Wetter setzt Schliemann seine Ausgrabungen auf dem Hügel Hisarlık bis Mitte August 1872 fort. Zeitweise kommt seine junge griechische Frau zu Besuch, wie er gewissenhaft in seinem Tagebuch vermerkt. Die erste Eintragung gilt aber immer der Anzahl der Grabungsarbeiter, die ihm täglich zur Verfügung stehen. Diese schwankt zwischen 70 und 150. Und so wie er seinen Bediensteten in Athen homerische Namen gibt und beispielsweise einen Gärtner Priamos beschäftigt, so verleiht er seinen Grabungsarbeitern je nach ihrem Aussehen klangvolle Namen: Derwisch, Mönch, Korporal oder Doktor. Der eher humorlose Schliemann erklärt seinen Lesern, dass er auf diese Weise sehr viele Doktoren habe, die weder lesen noch schreiben könnten.

Neben der Angabe des jeweiligen Wochentages benutzt der lange in Russland und nun in Griechenland lebende Mann hin und wieder die Daten des gregorianischen und julianischen Kalenders gleichzeitig, die zu dieser Zeit um 12 Tage differieren. Das auf Deutsch begonnene Troja-Tagebuch wird nun öfter durch längere griechische Passagen unterbrochen, die als Vorlagen für seine Berichte in griechischen Zeitungen dienen.

Bedeutende Funde bleiben vorerst aus. Nur alltägliche Funde – Unmengen an Gefäßscherben und vor allem Spinnwirtel, die Schliemann anfangs kleine Vulkane oder Karussele nennt – werden geborgen. Deren Abzeichnungen nehmen im Tagebuch und im »Atlas trojanischer Alterthümer«, der neben dem Textband die Abbildungen seiner Funde zeigt, zahlrei-

TROJANISCHE ALTERTHÜMER.

BERICHT
ÜBER
DIE AUSGRABUNGEN IN TROJA.
VON
DR. HEINRICH SCHLIEMANN.

LEIPZIG:
IN COMMISSION BEI F. A. BROCKHAUS.
1874.

Schliemanns drittes Buch erschien 1874 bei Brockhaus in Leipzig. Ihm war ein »Atlas trojanischer Alterthümer« mit zahlreichen Fotos beigegeben.

che Seiten ein. Diese Spinnwirtel sind wie auch die übrige Keramik mit unterschiedlichsten Motiven verziert. Die Swastika, das Hakenkreuz, kommt als Glücksbringer beziehungsweise Sonnensymbol dabei sehr häufig vor. Nun erachtet Schliemann jede noch so einfache Scherbe, zumindest aus »homerischer Zeit«, als Leitstück für die Datierung der Schicht, in der man sie findet. Verzierte Stücke wecken verständlicherweise seine besondere Aufmerksamkeit. Er spornt seine Arbeiter an, nach solchen Stücken zu suchen und mahnt dazu, sie nicht zu unterschlagen. Wir lesen in seinem XI. Bericht »Auf dem Berge Hissarlik« vom 13. Juli 1872:

»Da in den der dunkeln Nacht vorgriechischer Zeit angehörigen Trümmern jeder

Der Dichter Alexander Pope begeisterte sich für klassische Autoren wie Horaz, Vergil oder Homer. Zu seinen größten Leistungen zählt die Übersetzung von Homers Ilias. Diese Karte illustriert die englischsprachige Ausgabe und zeigt die Troas mit Blick zum Ida-Gebirge.

Gegenstand, der Spuren menschlichen Kunstsinns trägt, eine Seite der Geschichte für mich ist, so muss ich vor allen Dingen dafür sorgen, dass mir nichts entgeht, ich bezahle daher meinen Arbeitern ein Trinkgeld von 10 Paras (5 Centimes) für jeden Gegenstand, der den geringsten Werth für mich hat, also auch für jedes runde Stück Terracotta mit religiösen Symbolen.«

Diese Anreize erweisen sich manchmal jedoch auch als kontraproduktiv: »Ungeachtet der ungeheuern Masse derartiger vorkommender Stücke versuchen meine Arbeiter manchmal auf den unverzierten Stücken Verzierungen zu machen, um den Preis zu verdienen, und ist besonders die Sonne mit ihren Strahlen der Gegenstand ihres Kunstfleisses. Ich erkenne natürlich die gefälschten Symbole auf der Stelle, bestrafe auch die Fälscher immer mit einem Abzug von 2 Piastern vom Tagelohn, aber bei dem fortwährenden Wechsel der Arbeiter wird die Fälschung doch noch immer von Zeit zu Zeit versucht.«

In diesem Bericht geht Schliemann auch noch einmal auf die von Homer in der »Ilias« erwähnten zwei Quellen ein, in deren Nähe Hektor von Achilleus getötet wurde. Er ist sich ziemlich sicher, beide an der Nordseite von Ilium ausgemacht zu haben. Seine letzten Zweifel, auf dem richtigen Ausgrabungsplatz zu stehen, schwinden nun.

Ist er bald am Ziel seines Wunsches, oder wie er es selbst formulieren würde: seines Traumes? Doch davor stehen übermenschliche Anstrengungen und hohe Kosten. Die Erntezeit ist angebrochen, die Löhne für die Arbeiter müssen erhöht werden. Der von Norden kommende orkanartige Wind wirbelt den Staub auf der Ausgrabungsstätte auf und treibt ihn in Augen, Nasen und Ohren. Sechs Pferdekarren, 88 Schubkarren und zehn Handwagen sind nötig, um die Schuttmassen abzutransportieren. Das alljährlich auftretende sommerliche Sumpffieber ergreift mehrere Arbeiter, Schliemann selbst leidet an einem Abszess am Fuß, der ihm beim Gehen sehr hinderlich ist.

Anfang August stoßen seine Arbeiter unterhalb des Athena-Tempels, zu dem die Helios-Metope gehört, in einer Tiefe von über zehn Metern auf eine zwei Meter dicke und drei Meter hohe Mauer. Südlich davon meint er einen großen Turm entdeckt zu haben, der ihn daran erinnert, dass auf einem solchen Bauwerk einst Andromache, die Ehefrau Hektors stand und voller Angst auf die Übermacht des von Agamemnon befehligten griechischen Heeres blickte. Schliemann gerät ins Schwärmen: Dieses heilige Denkmal soll für immer ein Wallfahrtsort für die wissbegierige Jugend jeder Generation werden!

Funde von griechischen Inschriften aus römischer Zeit bestätigen in Schliemanns Augen, dass hier auch vor 2000 Jahren Novum Ilium stand. Das schlägt sich nun auch in der Überschrift seiner zusammenfassenden Berichte nieder. Betitelte er die ersten elf mit »Auf dem Berge Hissarlik«, heißt es ab dem zwölften Bericht: »Perga-

Hektor und Andromache mit ihrem kleinen Sohn Astyanax (Skamandrios) im brennenden Troja. Hektor ruft die Götter an, damit sie seinen Sohn stärker und mutiger als ihn selbst machen.

mos von Troja«. An dessen Schluss (1. August im Tagebuch bzw. 4. August 1872 in »Trojanische Alterthümer«) verkündet der Glückliche:

»Schliesslich schmeichle ich mir mit der Hoffnung, dass als Belohnung für meine riesenmässigen Kosten und alle meine Entbehrungen, Drangsale und Leiden in dieser Wildniss, vor allem aber für meine wichtigen Entdeckungen die civilisirte Welt mir das Recht zuerkennt, diese heilige Stätte umzutaufen, und im Namen des göttlichen Homer taufe ich sie mit jenen Namen unsterblichen Ruhmes, welche das Herz eines jeden mit Freude und Enthusiasmus erfüllen; ich taufe sie mit den Namen ›Troja‹ und ›Ilium‹, und ich nenne ›Pergamos von Troja‹ die Akropolis, wo ich diese Zeilen schreibe.«

Zwei Wochen später beendet Schliemann die Arbeiten für dieses Jahr. Er ist der Meinung, dass er durch seine bisherigen Ausgrabungen den Beweis erbracht hat, wo das homerische Troja lag, und dass auf dem gleichen Platz später das griechische Ilion und das römische Novum Ilium gegründet worden sind. »Die Lage dieser Stadt«, so lesen wir es im XIII. Bericht vom 14. August 1872, »entspricht nicht nur in jeder Hinsicht vollkommen allen Angaben der Ilias, sondern auch allen jenen der uns durch spätere Autoren bekannten Traditionen, während es weder in der Ebene von Troja noch in der Umgegend eine andere Stelle gibt, welche im entferntesten denselben angepasst werden könnte.«

Diese Äußerungen provozieren natürlich alle Anhänger der Bunarbaschi-Theorie und damit auch den einflussreichen Berliner Professor Ernst Curtius. Die Einwohnerzahl der Fundstätte dort schätzt der Kaufmann und Forscher kurzerhand

Diese Fotografie ist nicht genau datiert, sie ist während Schliemanns Ausgrabungen entstanden. Sie zeigt den Blick vom Turm VI auf die Mauern von Troia VI.

auf 2000. Hier, in seinem homerischen Troja, konnten 100 000 Menschen Platz finden. Das ist eine völlige Fehlkalkulation. Noch heute diskutieren Forscher über die Größe eines möglichen Troja – und damit sind die Schichten VI h beziehungsweise VII a gemeint und nicht die von Schliemann als Troja identifizierte und viel kleinere Siedlung (Troia III, später korrigiert in Troia II), die er »verbrannte Stadt« nannte.

Selbstbewusst weist Schliemann darauf hin, dass er mit seinen 100 000 von ihm ans Licht gebrachten Gegenständen eine neue Welt für die Archäologie entdeckt habe. Das wird ihm in der Tat keiner, auch nicht der schärfste Kritiker, absprechen können.

Eine Frage beschäftigt Schliemann hin und wieder: Benutzten die alten Trojaner eine Schrift? Zwar werden griechische Inschriften aus viel späterer Zeit geborgen, und in den unteren Schichten finden sich, auf Keramik oder Spinnwirtel eingeritzt, zahlreiche unbekannte Symbole. Doch mit einer eigentlichen Schriftsprache haben sie nichts zu tun. Das ist auch die Meinung ihres Entdeckers. Trotzdem sucht er Rat bei Spezialisten. Sein französischer

Freund Émile Burnouf versteigt sich zu der Ansicht, dass manche Symbole an chinesische Schriftzeichen erinnern und versucht sich sogar an einer inhaltlichen Deutung.

Ein handfester Beweis in Form von Inschriften aus der Zeit des Priamos oder Agamemnon bleibt Schliemann verwehrt. Seit über 100 Jahren wissen wir, dass Minoer und Mykener im zweiten vorchristlichen Jahrhundert auf Tontafeln Silbenschriften benutzten, die Sir Arthur Evans, der den Königspalast des sagenhaften Minos ausgrub, Linear A beziehungsweise Linear B nannte. Hätte Schliemann Ähnliches auf dem Hügel Hisarlık finden können? Wohl nicht – alle späteren Nachgrabungen von Dörpfeld, Blegen, Korfmann und Pernicka erbringen keinerlei Tontafelfunde.

Der Troja-Ausgräber kehrt Mitte August 1872 nach Athen zurück, wo er den Herbst und Winter verbringt. Allerdings sucht er am 10. September noch einmal kurz den Ausgrabungsplatz auf, »um einen neuen Plan der Pergamos aufzunehmen, auf welchem alle meine Ausgrabungen sowie die

Tiefe derselben und die von mir entdeckten Denkmäler unsterblichen Ruhmes aufs genaueste verzeichnet sind«. In seiner Begleitung befinden sich der Landvermesser Sisilias und der Fotograf Siebrecht, damit alles von Fachleuten vollständig und detailliert dokumentiert wird. Mit Schrecken stellt Schliemann bei diesem kurzen Besuch fest, dass die Einwohner der Umgebung viele große Steine vom Ausgrabungsplatz entwenden, um sie zum Bau eines Glockenturmes und von Wohnhäusern zu benutzen. Der eigens aufgestellte, aber pflichtvergessene Wächter wird umgehend durch einen anderen ersetzt.

Die dritte Grabungskampagne beginnt am 1. Februar 1873. Viel zu früh, wie sich bald herausstellen wird. Um die Mitte des Monats wird es immer kälter. Regen-,

Hagel- und Schneeschauer wechseln sich ab. Schliemann trägt in seiner inzwischen errichteten Holzhütte dicke Handschuhe, wenn er sein Tagebuch (nun manchmal auch auf Französisch) führt und an seiner umfangreichen Korrespondenz schreibt. Zur Ausgrabung, die gleichzeitig an der Nord-, Ost- und Südseite des Hügels beginnt, erscheinen bei diesen widrigen Wetterverhältnissen nur wenige Arbeiter. Zu den Unbilden der Natur gesellen sich menschliche Differenzen. Das Verhältnis zu Frank Calvert hat sich seit dem Gezerre um die Helios-Metope weiter verschlechtert. Nun zweifelt der Engländer öffentlich an einer Lieblingshypothese Schliemanns. Die zahlreich gefundenen Gesichtsvasen, die der Deutsche mit dem von Homer öfter genannten »eulenköpfigen Gesicht« (*glau-*

Blick auf das Ida-Gebirge bei Gergis, 1878

kopis) der Athena in Verbindung brachte, hätten mit dieser Göttin überhaupt nichts zu tun! Sie könnten nicht als Beweis dafür dienen, dass wirklich das homerische Troja entdeckt worden sei. In einem Brief vom 17. Februar 1873 beschwört der angegriffene Schliemann seinen ehemaligen Partner, diese Behauptung zurückzunehmen. Er bittet ihn, nach Beendigung seiner jetzigen Grabungskampagne nach Athen zu kommen und sich in Schliemanns Haus durch die große Anzahl von »Eulenkopfvasen« überzeugen zu lassen. Schliemann verspricht Calvert, ihn dort wie einen Fürsten zu behandeln. Zum Schluss berichtet er – um seinen Kritiker milde zu stimmen? – von seinen übermenschlichen Anstrengungen, von der furchtbaren Kälte, die das Wasser auf dem Tisch und die Tinte im Glas einfrieren lässt. Nur ein Dutzend Arbeiter sind zum Dienst erschienen, und um sich aufzuwärmen, greift der Chef selbst zum Spaten.

Calvert rückt von seiner Meinung hinsichtlich der »Eulenkopfvasen« keineswegs ab, sodass Schliemann in einem Schreiben vom 27. März eine schärfere

Tonart anschlägt. Calverts Bericht über Troja ist ausgerechnet in der »Augsburger Allgemeinen Zeitung« erschienen, die schon Schliemanns Aufsätze abgedruckt hat. Dieser reagiert verletzt, schreibt, dass sein eigener Artikel über die »Athena glaukopis« in Tausenden von Zeitungen übernommen wurde und er nichts anderes als die heilige Wahrheit verkünden könnte. Ein hoher Anspruch, dem er allerdings selbst nicht immer genügt.

Während dieser Streit in Gazetten und Briefen ausgetragen wird, bessern sich die Witterungsverhältnisse allmählich. Die Anzahl der Grabungsarbeiter erreicht wieder ihre Sollstärke. Am Donnerstag, den 27. Februar, kann Schliemann in seinem Tagebuch 149 Arbeiter und den ausgezahlten Tageslohn vermelden. Wieder beklagt er sich über einige faule Männer und dass er sie zur Ordnung rufen muss. Schon im Vorjahr gab es eine Revolte, weil der Chef seinen Untergebenen das Rauchen während der Arbeitszeit verbot. Aus der Auseinandersetzung ging Schliemann als Sieger hervor, weil er die streikenden Männer aus Renkioi kurzerhand durch Arbeiter aus anderen Dörfern ersetzte. Während der Arbeit wird jetzt nicht mehr geraucht, und die Arbeitszeit dauert um eine Stunde länger, von fünf Uhr morgens bis sechs Uhr abends. Nur in den Pausenzeiten von insgesamt eineinhalb Stunden darf gegessen und geraucht werden.

Einfache Keramik, sowohl ganze Gefäße als auch Scherben sowie wiederum zahllose Spinnwirtel mit unterschiedlichsten Verzierungen, ist die Ausbeute der kommenden Tage und Wochen. Die Berichte vom März 1873 vermerken darüber hinaus eine Vase mit Eulengesicht, ein Götzenbild aus schwarzem Stein, Terrakotta-Schlangen, Steinwerkzeuge, Waffen aus Stein und Kupfer, große Vorratsgefäße (Pithoi), Inschriften aus dem Athena-Tempel, einen Hammer aus Knochen, Münzen und

Nägel, Hausmauern und vieles andere mehr. Spektakuläre Funde sind allerdings nicht darunter.

Schliemanns XIX. Bericht vom 29. März 1873 dient vor allem der öffentlichen Auseinandersetzung mit Frank Calvert. Dieser weist darauf hin, dass Schliemann mittlerweile in eine Tiefe und Schicht vorgedrungen sei, deren Hinterlassenschaften nicht mit den Angaben Homers über den Schauplatz des trojanischen Krieges übereinstimmen könnten. Und damit hat Frank Calvert recht! Das wissen wir seit Wilhelm Dörpfelds Grabungskampagne von 1893, die die Schicht VI und nicht Schliemanns Troia II als homerisches Troia identifiziert. Sogar Schliemann selbst muss das in seinen letzten Lebensmonaten im Jahr 1890 klar geworden sein, er kann aber

Diese attische Amphore zeigt den Tod des Priamos durch die Hand des Neoptolemos. Die Darstellung wird auf etwa 520/510 v. Chr. datiert und ist heute im Louvre zu bewundern.

Das Ölgemälde von Gustave Moreau (1826–1898) zeigt Helena am Skaeischen Tor. Dieses Sujet griff der Vertreter des französischen Symbolismus mehrmals auf.

77

Luftbild der heutigen Ausgrabungsstätte von Troja. Die Nummer 7 zeigt den berühmt-berüchtigten »Schliemann-Graben«.

seinen Irrtum vor der Fachwelt und der breiten Öffentlichkeit nicht mehr korrigieren.

Doch noch schreiben wir das Jahr 1873, in dem der Forscher die in seinen Augen falschen Ansichten geißelt: Dass er viel mehr Silex- als kupferne Messer und viel mehr steinerne Keile und Hämmer als solche aus Kupfer finde, beweise durchaus nicht, dass auch zurzeit des trojanischen Kriegs mehr steinerne als kupferne Werkzeuge vorhanden gewesen seien. Steinerne Lanzen seien eine große Seltenheit, von denen er in diesem Jahr lediglich zwei Exemplare gefunden habe.

Frank Calvert wolle aufgrund eines in sieben Metern Tiefe gefundenen Tongefäßes in der Form eines Nilpferds beweisen, dass der Schutt aus einer Zeit stamme, als es in den Flüssen der Troade noch solche Tiere gegeben hätte. Er habe in einem Artikel im »Levant Herald« die Meinung ausgesprochen, dass Homer steinerne Messer und Werkzeuge zweifellos erwähnt haben würde, wenn es solche in Troja gegeben hätte, »und dass, da er keine erwähnt, auch keine dagewesen sein können; folglich dass keine der von mir durchgrabenen Trümmerschichten, worin steinerne Werkzeuge vorkommen, vom homerischen Troja herrühren könne, und schon die Schuttschicht, welche unmittelbar auf die bis 2 Meter Tiefe reichenden griechischen Trümmer folgt, um mehr als 1000 Jahr älter sein müsse als der trojanische Krieg«.

Calvert liefere mit dieser Argumentation keinen Beweis gegen die Identität von Hisarlık mit der Baustelle Trojas. Warum sollen homerischen Helden nicht auch mit steinernen Waffen gekämpft haben, fragt Schliemann. Ein Held sei auch in der Lage, einen gewaltigen Felsbrocken, den ein gewöhnlicher Mensch nicht aufheben könne, gegen das Tor des Feindes zu werfen und sich so Eingang in die Festung zu verschaffen.

Und dann wird es ganz persönlich: »Herrn Calvert's Ausgrabungen in der Pergamos beschränkten sich auf zwei kleine Gräben, die auch jetzt noch vorhanden sind, und er bemerkt irrthümlich, dass ich seine Ausgrabungen fortgesetzt habe. Wie meine Pläne der Pergamos beweisen, geschahen meine Ausgrabungen 1870, 1871 und bis Mitte Juni 1872 ausschliesslich auf der türkischen Hälfte der Pergamos, und dann erst fing ich an, auf Herrn Calvert's Felde die Baustelle des Apollotempels auszugraben, weil mir eine 34 Meter lange und 23 Meter breite Vertiefung des Bodens dieselbe verrieth; keineswegs gaben oder geben die zwei kleinen Gräben des genannten Freundes eine Ahnung vom Dasein eines solchen.

Nie habe ich, wie Herr Calvert berichtet, den Urfels in 67 Fuss Tiefe gefunden; ich fand denselben auf meiner grossen Plateforme 16 Meter oder 52 ¾ Fuss tief, …«

Während er sich gegen seinen Ex-Partner zur Wehr setzt, legt Schliemann in den Monaten zwischen März und Mai 1873 eine schön gepflasterte Straße frei, außerdem ein größeres megaronartiges Gebäude (Hauptraum mit nur einem Zugang mittig in der Längsachse des Baukörpers), das er anfangs »Haus des Priamos« nennt. Daneben entdeckt er in der gleichen Schicht Zeichen kriegerischer Auseinandersetzungen. An den ans Tageslicht kommenden Hauswänden sind Spuren einer verheerenden Feuersbrunst zu sehen. Dem Münchner Archäologen Heinrich Brunn (1822–1894) teilt er am 10. April den Fund zweier Gerippe von Kriegern mit kupfernen Helmen und einer Lanze mit.

Damit die neu entdeckte Straße von den Einwohnern der Umgegend nicht wieder als Steinbruch missbraucht wird, lässt Schliemann das Gerücht verbreiten, dass auf dieser Straße Jesus Christus gewandelt sei, um König Priamos zu besuchen. Ob ihm das seine orthodoxen griechischen Arbeiter glaubten, sei einmal dahingestellt.

Weitere Grabungen bringen erneut mehrere Exemplare der von Homer erwähnten Doppelhenkelbecher, dem *depas amphikypellon*, zum Vorschein. Und als dann noch eine Toranlage freigelegt wird, ist sich Schliemann sicher, das von seinem Leitbild beschriebene Skaeische Tor vor sich zu sehen.

Während des griechischen Osterfests liegen die Grabungen still, also reist Schliemann noch einmal zum Hügel Bunarbaschi. In seiner Begleitung befinden sich seine Frau und Gerichtsrat August Schels (1829–1886) aus Regensburg. Dieser hat sich als einer der Ersten für die Anerkennung Schliemanns in Deutschland eingesetzt, und ihm wird die Ehre zuteil, den gewaltigen Unterschied zu Hisarlık mit eigenen Augen sehen zu dürfen.

Nach der für Schliemann viel zu langen Feiertagspause werden die Grabungen mit rund 150 Arbeitern fortgesetzt. Der Arbeitstag dauert nun 15 Stunden, von 4 ¼ Uhr morgens bis 7 ¼ Uhr abends. Vielleicht ließen sich ja noch mehr Beweise dafür finden, dass Homer recht hat, dass er den zehnjährigen Kampf um die Veste des Priamos nicht frei erfunden hat.

Dieser Holzstich zeigt die trojanischen Häuser, die Schliemann unterhalb des Athena-Tempels entdeckte. Der Stich illustriert die französische Ausgabe von Schliemanns »Ilios, Stadt und Land der Trojaner« aus dem Jahr 1881.

Der »Schatz des Priamos«

»Nicht ohne die allergrösste Kraftanstrengung und die furchtbarste Lebensgefahr« macht Heinrich Schliemann jenen Fund, der ihm ein für allemal Berühmtheit verschaffen wird. Der Hort enthält 42 Gegenstände aus Bronze und Kupfer sowie 124 Stücke aus Edelmetall. Die Umstände sind umstritten – die Berichte des Schatzgräbers weichen in entscheidenden Details voneinander ab; der türkische Staat wird um seinen Anteil geprellt, indem der Fund vollständig nach Griechenland geschmuggelt wird. Zu guter Letzt kommt der Schatz nach Deutschland – aber das ist noch nicht das Ende seiner wechselvollen Geschichte.

1873 trifft endlich die geheime Fracht, der »Schatz des Priamos«, im Hafen von Piräus ein.

Sophie Schliemann

DER »SCHATZ DES PRIAMOS«

Wir schreiben den 31. Mai 1873. Heinrich Schliemann kommt nach seinem täglichen morgendlichen Ausritt und dem Bad im Meer zum Ausgrabungsareal zurück. Heute wird er etwas finden, das die Menschen bewegt und bewegen wird. Den sensationellen Fund dieses Tages schildert er in vielen Briefen und Artikeln, in seinen »Trojanischen Alterthümern« und in ähnlicher Weise sieben Jahre später nochmals in seinen Erinnerungen:

»Hinter der letztern [Mauer] legte ich in 8 bis 9 Meter Tiefe die vom Skaeischen Thor weiter gehende trojanische Ringmauer bloss und stiess beim Weitergraben auf dieser Mauer und unmittelbar neben dem Hause des Priamos auf einen grossen kupfernen Gegenstand höchst merkwürdiger Form, der um so mehr meine Aufmerksamkeit auf sich zog, als ich hinter demselben Gold zu bemerken glaubte. Auf dem kupfernen Gegenstand ruhte eine 1 ½ bis 1 ¾ Meter dicke steinfeste Schicht von rother Asche und calcinirten Trümmern, auf welcher die vorerwähnte 1 Meter 80 Centimeter dicke, 6 Meter hohe Festungsmauer lastete, die aus grossen Steinen und Erde bestand und aus der ersten Zeit nach der Zerstörung Trojas stammen muss.«

Um den Schatz vor seinen Arbeitern geheim zu halten und ihn – angeblich – für die Wissenschaft zu retten, lässt er unverzüglich eine Arbeitspause verkünden. »Während meine Arbeiter assen und ausruhten, schnitt ich den Schatz mit einem grossen Messer heraus, was nicht ohne die allergrösste Kraftanstrengung und die furchtbarste Lebensgefahr möglich war, denn die grosse Festungsmauer, welche ich zu untergraben hatte, drohte jeden Augenblick auf mich einzustürzen. Aber der Anblick so vieler Gegenstände, von denen jeder einzelne einen unermesslichen Werth für die Wissenschaft hat, machte mich tollkühn und ich dachte an keine Gefahr.« Das Fortschaffen des Schatzes wäre ohne die Hilfe seiner Frau nicht möglich gewesen, »die immer bereit stand, die von mir herausgeschnittenen Gegenstände in ihren Shawl zu packen und fortzutragen«.

Nun endlich, so glaubt er, hält Schliemann mit dem »Schatz des Priamos« seinen endgültigen Beweis dafür in Händen, dass er das homerische Troja entdeckt hat. Bereits in der Beilage der ihm wohlgesinnten »Augsburger Allgemeinen Zeitung« vom 5. August 1873 berichtet der glückliche Finder zum ersten Mal öffentlich über den Schatzfund und setzt damit eine Legende in die Welt. Seit seiner Entdeckung ist der Schatz ständigen Kontroversen ausgesetzt, ja mitunter sogar Fälschungsvor-

Sophia Schliemann im Schmuck der »schönen Helena«, handkolorierte Wiedergabe eines Fotos aus den 1870er-Jahren

Blick von der Ausgrabungsstätte in die Ebene von Troja. Links erkennt man die von Schliemann errichteten Grabungshäuser. Das Aquarell illustriert den »Atlas der Trojanischen Alterthuemer« von 1874.

würfen, die ihm seinen herausragenden Platz unter den archäologischen Funden streitig machen wollen. Eine Rolle spielen dabei der genaue Fundtag, der genaue Fundort und die Beschreibung der Gegenstände. Schliemann macht in diesen drei entscheidenden Punkten in verschiedenen Schriften unterschiedliche Angaben. Zu den fragwürdigen Seiten der Geschichte gehören auch das Herausschmuggeln des Schatzes aus der Türkei und Schliemanns eindeutige Lüge, dass seine zweite Frau Sophia beim Auffinden des Schatzes beteiligt gewesen ist. Versuchen wir hier die Er-

eignisse jenes Tages zu rekonstruieren, für den die moderne Schliemann-Forschung anhand bestimmter Indizien den 31. Mai 1873 festgelegt hat.

Heinrich Schliemann entdeckt am frühen Vormittag dieses letzten Maitages einen großen Hortfund, der zahlreiche bronzene, silberne und goldene Gegenstände enthält. Er beauftragt seinen vertrauten Diener Nikolaos Yannakis, ihm bei der Bergung der Stücke zu helfen und sie in sein Grabungshaus zu bringen. Während Schliemann den Fund in seiner Holzbaracke etwas genauer untersucht, erfährt der türkische Aufseher Amin Efendi von Grabungsarbeitern, was geschehen ist. Amin fordert darauf von Schliemann, dass er seine Kisten und Schränke zur Inspektion öffnen solle.

Wir lesen in einem Brief vom 19. August 1873: »Ich konnte den Schatz bergen, weil während seiner Entdeckung Amin Efendi damit beschäftigt war, eine andere Ausgrabungsstelle zu überwachen; und wenn Sie die Enttäuschung dieses armen Mannes gesehen hätten, als er später von den Arbeitern erfuhr, dass ich einen Schatz gefunden und gehoben hatte, und wenn Sie gesehen hätten, mit welcher Wut er in mein Zimmer stürzte und mit lautem Schreien, im Namen des Sultans, mich aufforderte, sofort alle meine Kisten und Schränke zu öffnen, während ich ihn energisch des Hauses verwies – Sie hätten Mitleid mit ihm gehabt.«

Amin versucht einen Durchsuchungsbefehl zu besorgen und Polizisten herbeizurufen. Der Aufseher reitet zu diesem Zweck wahrscheinlich nach Çanakkale. Schliemann ist zuversichtlich, dass Amin Efendi nicht vor dem nächsten Tag zurückkehren wird. Inzwischen muss er den Fund aus dem Weg schaffen, denn er will ihn nicht, wie der Vertrag es vorsieht, mit dem Osmanischen Reich teilen.

Am selben Tag erhält Schliemann den Besuch eines Dr. Bulthaupt aus Bremen. Er

Diesen Goldschmuck entdeckte Heinrich Schliemann bei seinen Ausgrabungen in Troja. Die Holzschnitte illustrieren die Funde in Schliemanns »Ilios, Stadt und Land der Trojaner« von 1881 und zeigen unter anderem Armbänder, goldene Ohrringe mit langen Gehängen und Haarringe.

überbringt ein Empfehlungsschreiben von Frederick Calvert, dem Bruder von Frank Calvert, der in ein paar Kilometern Entfernung von Hisarlık in Thymbra ein Gut besitzt. Frederick bittet Schliemann, den gelehrten Griechenland-Kenner durch die Grabungsstätte zu führen. Die Beziehungen zu den Brüdern Calvert sind zu dieser Zeit wegen des Streits über die Helios-Metope angespannt. Wahrscheinlich hat Schliemann der Umstand, dass er Frederick einen Gefallen tun kann, ermutigt, ihn um seine Dienste zu ersuchen, ohne ihm allerdings die volle Wahrheit über die Fundstücke zu offenbaren.

Schliemann schreibt einen englischen Brief an Frederick Calvert: »Es tut mir sehr leid, dass ich Sie darüber informieren muss, dass ich streng bewacht werde und erwarte, dass der türkische Aufseher, der wütend auf mich ist, ich weiß nicht, aus welchem Grund, mein Haus morgen früh durchsuchen will. Deshalb nehme ich mir die Freiheit, bei Ihnen 6 Körbe und eine Tasche abzustellen und Sie zu bitten, dass Sie diese freundlichst einschließen wollen und

Goldfunde aus Troja: Vasenkopfnadeln, Körbchenanhänger und Lockenringe

den Türken keinesfalls erlauben, sie zu berühren.« Außerdem möchte sich Schliemann für die Nacht drei Pferde von Frederick ausleihen.

Mithilfe von Yannakis verpackt Schliemann den Schatz in großer Eile, ohne dass er in der Lage ist, sich die einzelnen Fundstücke genau anzusehen. Am Abend treffen zwei weitere deutsche Besucher in Hisarlık ein, der Gelehrte Gustav von Eckenbrecher, der bekanntlich einer der Ersten war, der Hisarlık als das homerische Troja identifizierte, und sein Sohn Themistokles. Eckenbrechers Bericht über diese Reise, den er im Oktober 1874 in der Zeitschrift »Daheim« veröffentlichte, beinhaltet einige wertvolle Informationen:

»Wir ließen unsere Pferde unten und stiegen den steilen Abhang über den Schutt und neben tiefen Abgründen der Ausgrabungen auf schmalem Pfade hinan. Oben kam uns Schliemann entgegen, eine markige Gestalt mittlerer Größe, sonnengebräunt, auf dem ganz kahl geschorenen Haupt den Strohhut nach indischer Weise mit weißem Schleier umwunden, der lei-

Der Hafen von Athen zu der Zeit, als der aus Kleinasien illegal ausgeführte »Schatz des Priamos« eintraf (Darstellung um 1870).

nene Paletot und überhaupt die ganze Figur reichlich bedeckt mit dem Staub der Ausgrabungen … Das größere der kleinen Häuser … wurde uns zur Wohnung angewiesen, doch dann bat Schliemann zu entschuldigen, dass er sich wegen dringender Geschäfte heute fürs erste nicht mehr um uns bekümmern könne. Es war, wie wir später erfuhren, der Abend, an dem er den ›Schatz des Priamos‹ nach Athen zu expedieren hatte, was mit großer Vorsicht geschehen musste. Seine Frau, eine junge Athenienserin, die sonstige stete Gefährtin bei seinen trojanischen Arbeiten, war nicht da, sie war nach Athen gereist.«

Die Abwesenheit Sophias bestätigt ein Brief Schliemanns an Charles Newton; dieser ist 1985 von David Traill, dem Hauptkritiker des »Pioniers der Spatenarchäologie«, veröffentlicht worden. Darin bestätigt Heinrich, dass seine junge Frau keinen Anteil an der Entdeckung des großen Schatzfundes gehabt habe, weil sie zur Beerdigung ihres Vaters nach Athen abgereist sei. Er habe sie nur deswegen in die Fundgeschichte hineingeschrieben, weil Sophia so schöne Veranlagungen besäße und er aus ihr eine Archäologin machen wolle. Diese eindeutige Lüge führt dazu, dass der Schatzfund insgesamt ins

Zwielicht gerät und bis heute infrage gestellt wird.

Doch fahren wir in der Beschreibung des entscheidenden Tages fort: Bei Sonnenuntergang werden die erwähnten sechs Körbe und eine Tasche zu Calverts Gut transportiert. Ein vertrauenswürdiger Arbeiter, wohl Yannakis, begleitet die Fracht und überbringt Schliemanns Brief an Frederick Calvert.

Den weiteren Verlauf der illegalen Ausfuhraktion erfahren wir aus einem Brief Schliemanns vom 6. Juni 1873. Demzufolge lässt Schliemann einem befreundeten griechischen Schiffseigner eine Fracht übergeben, bestehend aus sechs Körben und einer Tasche. Der Auftrag lautet, die trojanischen Antiquitäten auf das griechische Schiff »Taxiarchos« zu verladen und auf Rechnung seines Schwagers Spyridon Kastromenos nach Piräus zu expedieren. Begleitet werden die Behältnisse von Schliemanns Aufseher Spyridon Demetriou. Er soll sie in Schliemanns Haus in der Musenstraße nach Athen bringen. Schliemann bittet inständig, dem Direktor der Zollstation in Piräus zu erklären, dass die Behältnisse auf keinen Fall geöffnet werden dürften, da sie versiegelt seien und nur trojanische Altertümer enthielten. Er solle ihm sagen, dass Schliemann ein Wohltäter Griechenlands sei, und er drei Jahre in der Troas für Griechenlands Ruhm gearbeitet habe. Alle dort ausgegrabenen Antiquitäten werde er in sein geliebtes Griechenland schaffen und sie dann der griechischen Nation vermachen.

Alles verläuft nach Plan, so wie Schliemann es sich gewünscht hat. Die ersten Schwierigkeiten sind also glücklich überwunden.

Nach seiner Rückkehr hat der Ausgräber in Athen nun endlich genügend Zeit, den Schatzfund genau unter die Lupe zu nehmen und alle Teile daraus zu beschreiben. Fraglich bleibt, warum er in seinem Troja-Tagebuch und seinem ersten Bericht an den Verleger Brockhaus manche – und zwar ganz besonders wertvolle – Stücke des Schatzes noch nicht erwähnt. Kritiker Schliemanns vermuten aber, dass der »Schatz des Priamos« kein einheitlicher Hortfund, sondern mit mehreren Stücken angereichert worden sei, die der Ausgräber nach und nach auf dem Hügel Hisarlık gefunden hätte. Auf diese Weise wolle er größeres Aufsehen erlangen.

Zum Schatzfund A, so der wissenschaftliche Name des bedeutenden Fundes, gehören 42 Gegenstände aus Bronze oder Kupfer sowie 124 Stücke aus Edelmetall, darunter silberne Becher und Vasen, zwei goldene Diademe, ein goldener Becher, eine goldene Kugelflasche und eine goldene Sauciere, die Schliemann fälschlich als einen Doppelhenkelbecher beschreibt, der nicht auf dem Fuß stehen kann.

Als aber der Schatzfund und sein Schmuggel aus der Türkei nach Griechenland bekannt werden, zeigen sich auch die Athener Behörden darüber keineswegs erfreut. Es kommt zur Hausdurchsuchung bei Schliemann, die aber ergebnislos verläuft. Der Athener Neubürger hat die Stücke vorsorglich bei Verwandten seiner Frau versteckt. Auf die Frage der Polizei nach dem Verbleib des Fundes soll das Schlitzohr Schliemann treuherzig geantwortet haben, er sei selbst überrascht, dass nichts mehr vorhanden sei. Dafür gäbe es nur eine Erklärung: Da die Wertgegenstände einst dem König Priamos gehört hätten, müsse dieser wohl nachts in sein Haus gekommen sein, um sich sein Eigentum wiederzuholen.

Schliemann lebt, solange der »Schatz des Priamos« in Athen verwahrt ist, in ständiger Angst. Am 30. November 1873 schreibt er an den Archäologen Alexander Conze: »Ich bekenne aufrichtig, dass die Sammlung und besonders der Schatz eine ungeheure Last für mich ist und dass ich aus Furcht vor Dieben keine Nacht ruhig schlafen kann.« Und in einem Brief an seine Schwester heißt es: »Ich fürchte immer, man bricht bei mir ein, auch hält mich der Schatz hier gegen meinen Willen zurück, denn unmöglich kann ich reisen und den Schatz hier zurücklassen.« Monate zuvor hat er den Geschwistern in Röbel mitgeteilt, dass der Name Schliemann durch den sensationellen Schatzfund einen großen Ruhm erlangt hätte. Das entspricht voll und ganz der Wahrheit. Doch die satirische Zeitschrift »Kladderadatsch« reiht sich nicht in den Chor derer ein, die voll des Lobes sind. Sie nimmt auch diesen Fund zum Anlass, um über Schliemanns Homer-Gläubigkeit herzuziehen, und fordert ihn auf, nun bitteschön noch den Nibelungenhort im Rhein zu finden und zu heben.

Schliemann denkt daran, den Schatz, dessen Wert er auf ungefähr eine Million Mark einschätzt, zu veräußern. Doch an wen? Soll er die Sachen verkaufen oder doch lieber verschenken? Jahrelang ringt er mit sich um eine Antwort auf diese Fragen. Im Gespräch sind Griechenland und Italien, das British Museum in London, der Louvre in Paris und sogar die Eremitage in St. Petersburg. An Deutschland denkt er zu diesem Zeitpunkt nicht, wie wir unter anderem aus einem Brief an seinen Jugendfreund Wilhelm Rust in Neustrelitz wissen: »An Deutschland gebe ich sie nicht, denn dort werde ich von den neidischen Professoren fortwährend auf eine grauenhafte Weise beschimpft, und besonders in Berlin, wo ich sogar oft der Gegenstand der Lobgesänge im Kladderadatsch bin.«

Die goldene Sauciere: Das doppelhenkelige Trinkgefäß soll nach Schliemann einst König Priamos gehört haben.

Das große Diadem und Ohrgehänge aus dem »Schatz des Priamos«. Das Original ist derzeit in Moskau zu besichtigen. Im Heinrich-Schliemann-Museum in Ankershagen sind täuschend echte Repliken ausgestellt.

den weist er auf seine großen Anstrengungen hin. In den drei Ausgrabungsjahren habe er insgesamt mehr als 1500 Arbeiter beschäftigt, und es seien ihm Kosten in Höhe von 200 000 Francs (160 000 Mark) entstanden. Seinem deutschen Verleger Brockhaus teilt er mit, dass er sich so schnell wie möglich mit der Pforte aussöhnen möchte.

Am 15. April 1875 endet der Prozess mit einem gütlichen Vergleich. An den Freund Rust schreibt Schliemann: »Endlich … ist zwischen der Türkei und mir der Friede abgeschlossen; ich habe 50 000 Franken bezahlt, und die Türkei hat dagegen auf alle Ansprüche auf mein trojanisches Museum verzichtet, welches ich daher eiligst aus den hundert Schlupfwinkeln, wo es seit elf Monaten versteckt war, hervorgeholt und in mein Haus gebracht habe.« Den Schatz habe er der griechischen Bank anvertraut. Weil er ihn in den Ruinen des Palastes von Trojas letztem König gefunden habe, der von Homer und der ganzen Tradition Priamos genannt werde, wolle er ihn daher so nennen, »bis es bewiesen wird, dass der gute Mann einen anderen Namen hatte«. Über die Spottgedichte im Kladderadatsch habe er sich überhaupt nicht geärgert, wohl aber über die Ausbrüche des »tierischen Neides der deutschen Philologen«.

Schliemann ist nach dem Schiedsspruch lediglich dazu verpflichtet, an das Kaiserliche Museum in Konstantinopel 10 000 Francs (rund 8000 Goldmark) als Entschädigung zu zahlen. Schliemann gibt also freiwillig das Fünffache. Der türkische Gesandte Photiades-Bey stellt darüber eine Quittung aus, die sich im Archiv der Griechischen Nationalbank befindet. Sie enthält folgenden Zusatz: »Der notwendige staatliche Akt wird baldigst verfasst. Hierdurch wird der gegen Herrn Schliemann erhobene Prozess des Erziehungsministers der Kaiserlichen Regierung der Türkei als Beschützer und Vertreter des

Im April 1874 wird in Athen der Prozess gegen Schliemann eröffnet. Die Türkei verlangt von ihm die Herausgabe der Hälfte der Funde. Schliemann ist nicht gewillt, dem stattzugeben. Obwohl er sich im Recht glaubt, bemüht sich Schliemann um eine schnelle Beilegung des Konflikts. Ihm liegt viel daran, seine Grabungen in Troja fortführen zu können, wozu er sich inzwischen entschlossen hat, entgegen seiner ursprünglichen Absicht, seine Ausgrabungen auf dem Hügel Hisarlık im Juni 1873 definitiv einzustellen. In einem Brief vom 19. Juni 1873 an die osmanischen Behör-

Schliemann im »Kladderadatsch«

Kladderadatsch XXVI, Nr. 43,
21. September 1873, S. 170:

**»Privat-Depesche des Kladderadatsch.
Absender: Dr. Schlaumann.**

So eben den Nibelungenhort mitten im Rhein gefunden.
Beinahe dabei ersoffen, aber – Dank der gütigen Vorse-
hung – glücklich gerettet.

Leider bekam das *Plaid meiner Frau* beim Forttragen
des Schatzes ein Loch, so daß zehn *goldene,* 1 Meter
lange *Messer zum Aufschneiden* wieder in den Rhein
plumpten.

Außerdem gefunden: die *Krone* des Königs *Alberich* und,
besonders merkwürdig, eine *Photographie von Siegfried,*
und zwar die Hinterseite des Helden mit der berühmten
ungehörnten Stelle.

Weiteres später!«

*Heinrich liest die Nibelungen-Sage und macht sich mit seiner
beschürzten Frau auf den Weg zum Rhein, um den Goldschatz zu
heben.*

Kladderadatsch XXVII, Nr. 14/15,
29. März 1874, S. 56:

**»Illustrirte Rückblicke
vom 1. Januar bis Ende März.**

… Nachdem Herr *Schliemann* in Folge Homerischer Studien den trojanischen Schatz gefunden, liest er zufällig
die *Nibelungen-Sage* und begibt sich sofort nebst Frau
und Umschlagetuch auf die *Rheingold-Suche.*

Kladderadatsch XXVII, Nr. 22,
17. Mai 1874, S. 86:

**»Feuilleton.
Schlimme Botschaft.**

Aus *Hellas* kommt mir böse Kunde,
Es schauert mich mit Recht und Fug;
Aufs Neue schmerzt die alte Wunde,
Die einst uns *Troja's* Schicksal schlug.
Der *Türke* fordert frech verwegen
Den *Schatz,* den *Schliemann* hob und Frau,
Weil er im *Türkenland* gelegen,
In *Priams* altem *Festungsbau.*
Doch *Schliemann* will davon nichts hören,
Und *Schliemann's* Frau stimmt *Schliemann* bei:
›Wir wollen lieber ihn *zerstören,*
Eh' wir ihn lassen der *Türkei!*‹
Und *Hellas* spricht: Vor allen Dingen
Bin ich es, dem der Schatz gehört;
Ihn nahm, von dem die Dichter singen,
Mein *Agamemnon* mit dem *Schwert.*
Ha! fürchterlich ist, was ich ahne,
Das ist der *Tantaliden* Fluch!
Jetzt führt als wehende Kriegsfahne
Zum Männermord das *Umschlagtuch!*
Schon fallen bitterböse Worte,
Bald wird gerüstet auf dem Platz
Ein Jeder stehn. – *O hohe Pforte,*
Ganz unter uns: *Laß* ihm den Schatz!«

Kaiserlichen Museums von Konstantinopel wegen Beanspruchung der in Hisarlık ausgegrabenen Altertümer, sowie die Beschlagnahme seines hiesigen Besitzes an Immobilien und an Bankaktien rückgängig gemacht.«

Dadurch und durch die Erteilung der Grabungserlaubnis für Schliemann in Troja in den folgenden Jahren wird klar, dass der Schatzfund nun rechtmäßig in das Eigentum Schliemanns übergegangen ist. Dies wird heute aber wieder bezweifelt. Moralische Bedenken gegen das Verhalten des berühmten Kaufmanns und Forschers sind allemal erlaubt!

Die Literatur über den Schatzfund A ist mittlerweile fast unüberschaubar groß, ebenso wie die darin geäußerte Vielfalt der Meinungen. Uns soll an dieser Stelle nur noch kurz das weitere Schicksal des so bedeutenden und umstrittenen Fundes interessieren.

Zwischen 1877 und 1880 leiht Schliemann seine Troja-Funde nach London aus, wo er großes Interesse und viel Anerkennung für seine Arbeit erfahren hat. Dort werden sie im South Kensington Museum, dem heutigen Victoria and Albert Museum, gezeigt. Anfang 1881 schenkt Schliemann durch Vermittlung von Rudolf Virchow, den er seit 1875 kennt, seinen Freund nennt und der sein großer Unterstützer in Deutschland ist, seine Sammlung trojanischer Altertümer nebst dem sogenannten Schatz des Priamos »dem deutschen Volk zu ewigem Besitz und ungeteilter Aufbewahrung in der Reichshauptstadt«. Der Mediziner und Universalgelehrte hat den erfolgreichen Ausgräber, der fünf Jahre zuvor auch den Schachtgräberbezirk A von Mykene mit überreichen Grabbeigaben entdeckte, mit Deutschland ausgesöhnt. Von 1882 bis 1939 bleibt der Schatzfund in Berlin öffentlich ausgestellt, zuerst im Kunstgewerbemuseum (Martin-Gropius-Bau), ab 1885 im Völkerkundemuseum.

Schliemann und seine Frau Sophia bei der Aufstellung der Troja-Sammlung im Berliner Kunstgewerbemuseum 1881

Als der Ausbruch des Zweiten Weltkriegs bevorsteht, wird der Schatzfund A als unersetzliches Kulturgut in Kisten verpackt und eingelagert, zuletzt in einem Flakturm am Tiergarten.

Nach 1945 bleibt das Gold von Troja für fünf Jahrzehnte verschollen. Nur einige der unbedeutenderen Stücke werden von Russland an die DDR beziehungsweise die Bundesrepublik zurückgegeben. Die Gerüchte verdichten sich, dass der Löwenanteil als Beutekunst in der russischen Hauptstadt in einem Museumsdepot liegt. 1995 wird der »Schatz des Priamos« im Rahmen einer »Beutekunstausstellung« im Moskauer Puschkinmuseum erstmals wieder der Öffentlichkeit gezeigt. Seitdem ist er dort in der Dauerausstellung zu sehen und laut einem Beschluss des russischen Parlaments aus dem Jahre 1998 in das Eigentum des russischen Volkes übergegangen. Zwischenzeitlich erhebt auch der türkische Staat Anspruch auf den Bestand.

Als rechtmäßiger Eigentümer aber betrachtet sich das Museum für Vor- und Frühgeschichte in Berlin, das seit einigen Jahren im wiedererbauten Neuen Museum auf der Museumsinsel untergebracht ist. Dort sind viele Stücke aus der Sammlung trojanischer Altertümer zu sehen. Originalfundstücke hat auch das Heinrich-Schliemann-Museum Ankershagen in Dauerleihgabe; es zeigt darüber hinaus die weltbeste Nachbildung des großen Diadems.

Der »Schatz des Priamos«, der für Schliemann der endgültige Beweis dafür ist, dass er das homerische Troja ausgegraben hat, wird von ihm nach heutiger Zählung in Schicht Troia II g gefunden, das aber rund 1000 Jahre älter als ein mögliches homerisches Troja ist. Schliemann wird in der Folge vorgeworfen, an seinem eigentlichen Ziel vorbeigegraben zu haben. Wir werden darauf im Kapitel »Irrtümer und Verdienste« zurückkommen müssen.

In der Burg des Königs Agamemnon

Mykene ist das nächste Ziel Heinrich Schliemanns – die Grabungen in der Burg der Atriden bringen ihm noch mehr Ruhm als die Entdeckung Trojas ein. Hatte er auf dem Hügel Hisarlık eine bis dahin unbekannte bronzezeitliche Siedlung freigelegt, so ist er jetzt der Entdecker einer ganzen Kultur, nämlich der mykenischen des 16. bis 12. vorchristlichen Jahrhunderts, die ihr Zentrum auf dem Peloponnes hatte. Der »Schatz der Atriden« mit der »Goldmaske des Agamemnon« steht an der Spitze der zahlreichen Funde – die dieses Mal im Land ihres Ursprungs bleiben.

Eingang zur Burg von Mykene und Teil der Argolis in einem Gemälde von Leo von Klenze (1784–1864) aus dem Jahr 1837

IN DER BURG DES KÖNIGS AGAMEMNON

Ausgerechnet der reise- und arbeitswütige Heinrich Schliemann vergräbt sich monatelang aus Sorge um die Sicherheit des Troja-Goldes zu Hause in Athen. Ende Februar 1874 sehen wir ihn für wenige Tage in Mykene graben, doch ohne Erlaubnis der Behörden. Im September reist er für ein paar Tage nach Rom, um dann eilig nach Athen zurückzukehren. Erst nach dem Ende des Rechtsstreites mit der Türkei fühlt sich der mittlerweile berühmte Ausgräber frei für lange Reisen und neue große Taten. Schliemann begibt sich nach Nordeuropa, um dort unter anderem in den Museen von London, Leiden, Kopenhagen und Stockholm Vergleichsstudien anzustellen. In London, wo er am 24. Juni 1875 einen umjubelten Vortrag über seine Ausgrabungen auf dem Hügel Hisarlık hält, erfährt er vom mehrmaligen britischen Premierminister und Homer-Forscher William Gladstone (1809–1898), dass in Berlin ein Mann lebe, der ähnliche Gesichtsvasen wie die trojanischen in den Pommerellen gefunden habe. Sein Name: Rudolf Virchow (1821–1902). Schliemanns Neugier ist geweckt. Über Rostock, wo er an der Universität einen Vortrag über »Troja und seine Ruinen« hält, fährt er in die Hauptstadt des jungen Kaiserreiches und trifft Mitte August zum ersten Mal mit dem berühmten Mediziner zusammen. Daraus entwickelt sich eine lebenslange, wenn auch nicht immer konfliktfreie Freundschaft.

Im Oktober und November 1875 besucht Schliemann erneut Italien und stößt dabei hier und dort seinen Spaten in die Erde. Im ersten Halbjahr 1876 versucht er,

eine neue Grabungserlaubnis für Troja zu bekommen. Das gelinge ihm aber aus »wichtigen Gründen« nicht, wie er beispielsweise seinem deutschen Verleger Brockhaus mitteilt. Nun hat Schliemann die Zeit, sein zweites großes Grabungsvorhaben durchzuführen – auf dem Peloponnes, in der Burg des sagenhaften Königs Agamemnon.

Bevor wir Heinrich Schliemann in den mythenumwobenen Ort begleiten, müssen wir uns zunächst die vier Hauptunterschiede zwischen den beiden Ausgrabungsstätten – Troja und Mykene – vor Augen führen: Troja war nur durch Überlieferungen antiker Autoren, angefangen bei Homer, bekannt und vom Erdboden verschwunden, während die zyklopischen Mauern Mykenes und der größte Teil des Löwentors über zwei Jahrtausende sicht-

Der sonst so unternehmungslustige Heinrich Schliemann fürchtet um seinen Goldschatz und wagt sich nicht aus Athen fort. Blick über die Stadt in einer Fotografie um 1880

Das Löwentor von Mykene (etwa 1250 v. Chr.) mit der ältesten Monumentalplastik Europas

Der Blick von der Unterstadt auf den Burgberg von Mykene, auf dem Heinrich Schliemann spektakuläre Funde macht.

bar blieben. Auf dem Hügel Hisarlık ging es um die Freilegung einer prähistorischen Siedlung, in Mykene um die Entdeckung der Gräber möglicher homerischer Helden. Seine Anleitung bezieht Schliemann bei den Ausgrabungen in Troja aus Homers Werken, in Mykene aus denen des Pausanias. Die Mykene-Grabung sah keine Teilung der Funde mit einem Konzessionsgeber vor wie die in Troja. Alle Funde blieben in Griechenland, Schliemann erhielt »nur« das Recht, als Erster darüber zu publizieren. Die Ausgrabungen fanden unter Mitwirkung der Griechischen Archäologischen Gesellschaft und wiederum auf Schliemanns Kosten statt. In diesem letzten Punkt gab es also keinen Unterschied.

Schon im Juli 1868 ist Heinrich Schliemann auf seiner Reise zu homerischen Stätten zum ersten Mal nach Mykene gekommen, und zwar nur für wenige Stunden. Seit dieser Zeit denkt er daran, in der Burg des Agamemnon zu graben. Im Frühjahr 1870 stimmen die griechischen Behörden seinen Plänen zu, hier archäologische Untersuchungen vorzunehmen. Der Beginn der Ausgrabungen wird auf den 3. Mai festgesctzt.

Mit dem Leiter der zuständigen griechischen Behörde, Eustratiades, hat er in Mykene ein Treffen verabredet. Das Vorhaben unterbleibt jedoch wegen der im Land herrschenden Unsicherheit. Kurz zuvor waren in Marathon sieben britische Touristen ausgeplündert und getötet worden. Am 6. Januar 1872, an seinem 50. Geburtstag, bekräftigt Schliemann in einem Brief an den Althistoriker und klassischen Archäologen Ernst Curtius seine Absicht, nach Beendigung der Ausgrabung auf Hisarlık nach Mykene zu reisen.

Erst am 24. Februar 1874 unternimmt Schliemann schließlich die bereits erwähnte illegale Versuchsgrabung, die von den griechischen Behörden nach wenigen Tagen, am 2. März, unterbunden wird. Von einer knapp vier Wochen später erteilten Grabungserlaubnis macht er keinen Gebrauch mehr; sie verfällt.

Nach mehreren Anläufen erfolgt Schliemanns Grabungskampagne in Mykene zwischen dem 7. August und 5. Dezember 1876. Er ist, immer unter dem Einfluss von Homer, auf der Suche nach den Gräbern der Helden, mit Agamemnon an der Spitze. Für die meisten Menschen sind sie nur Sagengestalten. Es gibt keinen Beweis dafür, dass sie tatsächlich gelebt haben. Für Schliemann sind sie real. Mykene ist der Hauptort der Widersacher Trojas und sollte nach Schliemanns erfolgreichen Ausgrabungen auch namensgebend für die bis dahin unbekannte mykenische Kultur (16. bis 12. Jahrhundert v. Chr.) werden.

Neben den von Homer erwähnten Hauptorten Troja, Tiryns, Orchomenos, der Insel Ithaka und natürlich Mykene interessiert sich Schliemann auch für andere potenziell ergiebige Ausgrabungsorte, darunter Delos, Delphi und Olympia. Gerade der Ort der Olympischen Spiele hat es ihm besonders angetan. In mehreren Briefen vom Juli 1873 teilt Schliemann verschiedenen Adressaten mit, dass er die Absicht habe, seine große Sammlung trojanischer Altertümer, den »Schatz des Priamos« und die Helios-Metope eingeschlossen, der griechischen Nation zu vermachen. Doch dafür will er von der Regierung die Erlaubnis, Olympia und Mykene auszugraben. Im Parlament erntet er für diesen Vorschlag einstimmig Jubel, doch die griechische archäologische Gesellschaft legt ihr Veto ein, aus Neid, wie Schliemann ihr unterstellt. Die Lizenz für die Ausgrabung Olympias geht an die preußische Regierung und damit an einen der wissenschaftlichen Hauptgegner Schliemanns, den Berliner Professor Ernst Curtius. Der Zurückgewiesene ist wütend: »Man will mir nur Mykene geben und dafür gebe ich die Kunstschätze nicht her, fühle mich auch gekränkt und will hier gar nicht graben.«

Kurzzeitig überlegt er, sich nach Italien zurückzuziehen. Der Zorn verfliegt jedoch bald wieder, wie so oft, wenn der mecklenburgische Pastorensohn sich gekränkt fühlt. Also schreitet Schliemann in den ersten Augusttagen mit einer Schar von Arbeitern durch das Löwentor, dessen Eingang seit 1841 von der griechischen archäologischen Gesellschaft freigelegt worden ist. Mit Pausanias in der Hand und

mit dem Glück des Tüchtigen findet er einen Gräberring innerhalb der Burgmauern, der heute als Schachtgräberbezirk A bezeichnet wird. Schliemann ist, entgegen aller Theorien der Forschung, sicher, dass er Gräber innerhalb der Burgmauern finden wird. Alle Forscher vor ihm hätten nämlich eine bestimmte Textstelle des griechischen Reiseschriftstellers Pausanias (2. Jahrhundert n. Chr.) so übersetzt, dass die Gräber der homerischen Helden sich außerhalb der 900 Meter langen Burgmauer befänden, aber innerhalb einer nicht mehr vorhandenen Mauer um die Unterstadt von Mykene. Das aber ist nach Schliemanns Lesart falsch, was sich auch eindrucksvoll bestätigt. In seinem 1878 erschienenen Buch »Mykenae. Bericht über meine Forschungen und Entdeckungen in Mykenae und Tiryns« wird diese Pausanias-Stelle (2, 16, 5–7) ausführlich beschrieben. Der »Baedeker« des Altertums erwähnt zuerst, dass Mykene von den Argivern zerstört worden sei; die Leute aus Argos hätten dies aus Eifersucht getan, weil Mykene am ruhmreichen Kampf der Griechen gegen die Perser 480/479 v. Chr. teilgenommen habe. Pausanias gibt an,

Darstellung der homerischen Helden, Stich nach einem Gemälde von J. H. W. Tischbein (1751–1829)

trotz der Zerstörungen sei noch vieles von dem Ort zu sehen. In der Übersetzung Schliemanns heißt es dann weiter:

»Unter andern Ueberbleibseln der Mauer ist das Thor zu nennen, auf welchem Löwen stehen. Sie [die Mauer und das Thor] sind, wie die Sage geht, das Werk der Cyclopen, welche die Mauer für Proetus in Tiryns gebaut haben.« Unter den Trümmern von Mykene befänden sich die Persia genannte Quelle und die unterirdischen Gebäude des Atreus und seiner Kinder, in denen sie ihre Schätze aufbewahrt hätten. Dort befände sich das Grab des Atreus und die Gräber von Agamemnons Gefährten, die bei ihrer Rückkehr von Ilium von Aigisthos beim Gastmahl getötet worden seien. »Es ist dort das Grab Agamemnon's und das seines Wagenlenkers Eurymedon; Teledamus und Pelops wurden in demselben Grabe beigesetzt, denn es wird gesagt, dass Kassandra diese Zwillinge gebar, und dass sie als ganz kleine Kinder von Aegisthus zusammen mit ihren Aeltern geschlachtet wurden; dort ist auch [das Grab] der Elektra … Klytaemnestra und Aegisthus wurden etwas entfernt von der Mauer begraben, denn sie wurden für unwürdig gehalten, im Innern begraben zu werden, wo Agamemnon ruht und diejenigen, welche zusammen mit ihm getödtet wurden.«

Damit ist für Schliemann klar, dass es *fünf* Gräber innerhalb der Burgmauer, deren repräsentativer Eingang das Löwentor war, gegeben haben muss. Sein überwiegend auf Englisch geschriebenes Tagebuch – nur unterbrochen von den auf Griechisch notierten Abrechnungen für die Arbeiter – lässt uns seine Suche nachvollziehen. Dieses Journal, das bereits am 28. November endet, also einige Tage vor Grabungsende, wurde vor knapp drei Jahrzehnten von einem der Hauptkritiker Schliemanns, David Traill, publiziert. Er erkennt einerseits durchaus an, dass dieser in der Burg des Agamemnon eine neue Welt für die Archäologie entdeckt hat, wie der Ausgräber selbst es immer wieder betonte. Andererseits verweist er auf falsche Angaben im Tagebuch und Unstimmigkeiten zwischen den Eintragungen auf der einen Seite und Schliemanns Berichten in der »Times« und in seinem zwei Jahre später veröffentlichten Werk auf der anderen Seite. Traill zieht Schilderungen von Fun-

Mykenische Keramik aus Troia VI gilt als Indiz dafür, dass in dieser Schicht ein homerisches Troja zu suchen ist.

DER SCHACHTGRÄBERBEZIRK A

— ★ —

Ausmaße der Gräber 3 x 3,50 m bis 4,50 x 6,40 m; Tiefe 4 m

Schliemann-Nr.	Stamatakis-Nr.	Funde
II	I	3 Frauen, relativ reiche Beigaben
V	II	1 Mann, wenig Beigaben
III	III	3 Frauen und 2 Säuglinge, viel Gold-schmuck
IV	IV	3 Männer (3 Masken) und 2 Frauen, reichste Grab, u. a. 3 Tier-Rhyta
I	V	3 Männer (2 Masken), zweitreichstes Grab

Die Zählung von Stamatakis (nach der Reihenfolge der Entdeckung) hat sich durchgesetzt.

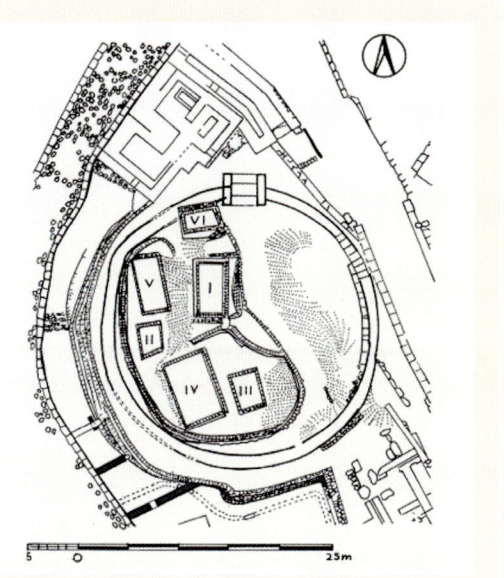

Vereinfachte Darstellung der Funde Schliemanns im Schachtgräberbezirk A von Mykene

den in Zweifel, deren Entdeckungsdaten und Bemerkungen über die An- bzw. Abwesenheit von Frau Sophia auf der Ausgrabungsstätte. Versuchen wir – so neutral wie möglich – die Geschehnisse zu verfolgen:

Schliemann trifft am 5. August 1876 in Mykene ein, verlässt den Ort nochmals für einen Tag und beginnt zwei Tage später hinter dem Löwentor seine Arbeit zusammen mit seinem Vorarbeiter Spyridon Demetriou und vorerst nur 22 Grabungsarbeitern. Deren Anzahl wird sich aber bald steigern. Neben diesen Arbeiten im Innern der Burgmauer finden gleichzeitig Ausgrabungen außerhalb davon statt, im »Kuppelgrab der Klytaimnestra« und im »Kuppelgrab des Atreus«, oft auch als »Schatzhaus« bezeichnet. Die Arbeiten im ersteren werden von Sophia überwacht. Von Tag zu Tag kommen mehr Kleinfunde zum Vorschein: Kultbilder, Steinäxte, zahlreiche bemalte Keramikscherben, ganze Gefäße, Pfeilspitzen aus Kupfer, Messer aus Bronze, Mauerwerk. Alles geschieht unter der strengen Aufsicht des von der Athener archäologischen Gesellschaft dafür abgestellten und von Schliemann bezahlten Aufpassers Panagiotes Stamata-

kis (1840–1885). Die beiden Männer harmonieren nicht. Der eine beklagt sich über den anderen. Aus dem Mund des Griechen hört sich das so an: »Wir halten uns in der Grabung von 6 Uhr früh bis 6 Uhr abends auf, wobei wir die Arbeiten beaufsichtigen und Freigelegtes zusammentragen, wohingegen Herr Schliemann die Grabung zweimal täglich aufsucht, am Morgen und am Abend.« Die täglichen Funde und das von Schliemann Begutachtete werden nach Charvati in Stamatakis' Unterkunft gebracht, in der alles nach Gattungen unterteilt und registriert (einschließlich einer Angabe über die Fundtiefe) sowie im Tagebuch vermerkt wird. »Diese Arbeit der Einordnung und Inventarisierung dauert täglich, zu nicht geringem Schaden unserer Gesundheit und dank der Bequemlichkeit Herrn Schliemanns, von abends 9 Uhr bis 1 und manchmal 2 Uhr des nächsten Tages. Die in unserer Unterkunft geordneten Antiken besichtigt und studiert Herr Schliemann freizügig, ohne dass wir ihm das geringste Hindernis in den Weg legen. Wir stehen ihm bereitwillig zur Verfügung, wobei wir oftmals unsere Arbeiten liegenlassen, um ihm seine Arbeiten zu erleich-

Kaiser Dom Pedro II. von Brasilien, der Schliemann 1876 in Troja und Mykene besuchte.

Dieses Gefäß mit einer Darstellung von ins Feld ziehenden Kämpfern wurde von Schliemann in Mykene im »Haus der Kriegervase« gefunden.

KUPPELGRÄBER

Von den neun westlich und südwestlich der Burg gelegenen Kuppelgräbern erhielten vier die Namen von Atreus, Klytaimnestra, Aigisthos und Orestes. Diese Gräbergattung ist 100 bis 300 Jahre jünger als die Schachtgräber. Zwei Kuppelgräber sind eng mit dem Wirken Schliemanns und seiner zweiten Frau Sophia Engastromenos verbunden: das Kuppelgrab der Klytaimnestra (um 1220 v. Chr. und damit knapp 300 Jahre später als das ihres sagenhaften Geliebten Aigisthos erbaut) und das »Schatzhaus des Atreus« oder Kuppelgrab des Agamemnon (um 1250 v. Chr.).

tern.« Sooft der berühmte Sponsor der Ausgrabungen eine oder mehrere Antiken zu weiterem Studium mit nach Hause zu nehmen wünsche, genieße er volle Freiheit. Wenn der von ihm bestellte Maler nach Charvati komme, erhalte Schliemann weiterhin alle Stücke, die er zur Abbildung ausgewählt habe. »Wir gewähren dies bereitwillig ohne von Herrn Schliemann Weiteres zu verlangen, außer den Nummern der erhaltenen Antiken und ihre Rückgabe nach deren Abbildung. Über alle diese Erleichterungen drückte Herr Schliemann vor dem Bürgermeister von Argos und anderen sein Gefallen aus.«

Stamatakis kritisiert, dass Schliemann nur Augen für prähistorische Funde habe, den Überbleibseln aus griechischer und römischer Zeit wenig Beachtung schenke und jüngere Bauten teilweise zerstören lasse. Auch sei die Zahl der Arbeiter auf dem Grabungsplatz oft viel zu groß, um ihre Tätigkeit gut koordinieren und beaufsichtigen zu können.

Schliemann wiederum fühlt sich durch Stamatakis in seinen Ausgrabungen eingeengt und grob missverstanden. Seine griechische Ehefrau kann und will in diesem Konflikt nicht vermitteln. Sie macht ihrem Landsmann klar, dass er ihren Ehemann nicht reizen solle, er wisse schon, was er tue. Er sei ein weltberühmter Archäologe! Der Streit beider Männer führt schon recht bald dazu, dass sie nicht mehr miteinander reden, sondern nur noch über Dritte kommunizieren. Und vor den Augen dieses »Kerberos« soll es Schliemann gelungen sein, Teile seiner Mykene-Funde zu manipulieren, wie Kritiker später behaupten?

Am 26. August wird eine reich verzierte Grabstele entdeckt. Sie zeigt neben Spiralmotiven einen Streitwagenkämpfer, der einen Gegner attackiert. Weitere Funde kommen bei der Ausgrabung des Gräberrundes zutage. Ab dem 5. September steigt die Zahl der Grabungsarbeiter auf über 100 an. Bezahlt werden sie nicht nach ihren Arbeitsstunden, sondern sie erhalten eine Drachme pro Kubikmeter Erde, den sie fortgeschafft haben. Der überaus ungeduldige Mann hat es wieder einmal eilig, einen Erfolg vorzuweisen. Ein aufkommender Sturm behindert die Arbeiten. Alle leiden fürchterlich unter dem Staub, der fortwährend in die Augen geweht wird.

Am 19. September entdecken die Ausgräber in viereinhalb Metern Tiefe ein großes, aber zerbrochenes Gefäß mit der Darstellung von bewaffneten Männern. Es ist die berühmte Kriegervase, die heute mit den vielen anderen Funden aus Mykene im Athener Archäologischen Museum bewundert werden kann. Vom 9. Oktober an ruhen die Arbeiten in der Burg des Agamemnon für zwei Wochen. Schliemann ist von der türkischen Regierung gebeten worden, den brasilianischen Kaiser Dom Pedro II. (1825–1891) und andere hohe Persönlichkeiten durch die Troas zu begleiten, worüber im Tagebuch auf sechs Seiten ausführlich berichtet wird. Am 23. Oktober kehrt der Ausgräber nachts nach Mykene zurück. Da es am nächsten Tag stark regnet, werden die Arbeiten erst zwei Tage später fortgesetzt. Am 29. Oktober besucht Dom Pedro II. auch Mykene. Das freigelegte große Gräberrund erregt die Aufmerksamkeit des hohen Gastes. Griechische Honoratioren aus der Gegend

und das Ehepaar Schliemann bereiten ihm zur Ehre eine Frühstückstafel im Innern des »Kuppelgrabes des Atreus«.

Anfang November behindern kräftige Regenfälle die Ausgrabungen. An besonderen Funden sind goldene »Knöpfe« mit Verzierungen zu vermerken. Mitte des Monats ist der Ausgrabungsplatz durch Regen aufgeweicht und rutschig. Am 22. November kann deshalb gar nicht gearbeitet werden. Doch plötzlich überschlagen sich die Ereignisse. Bronze-, Silber- und Goldfunde nehmen zu. Das Tagebuch hält unter dem 25. November fest: fünf große Bronzegefäße, 100 Goldblättchen, ein silberner Rinderkopf mit goldenen Hörnern, ein Haufen von bronzenen Lanzen und Schwertern, fünf Goldgefäße und vieles andere mehr. Keine Einträge gibt es für die zwei folgenden Tage. Es regnet, Schliemann ist abwesend. Der 28. November bringt reichste Ausbeute, darunter die ersten drei von insgesamt fünf Goldmasken und ein einhenkeliges Gefäß, einen Löwenkopf-Rhyton aus Gold. Obwohl das Tagebuch hier abbricht, gehen die Ausgrabungen mit weiteren sensationellen Funden, darunter der »Goldmaske des

Agamemnon«, in den ersten Dezembertagen weiter.

Nun kann der unermüdliche Ausgräber neben dem »Schatz des Priamos« auch noch den »Schatz der Atriden« vorweisen. Schliemann hat nach fünf Gräbern gesucht und tatsächlich fünf im Schachtgräberbezirk A gefunden. Ein sechstes kommt durch Nachgrabungen von Stamatakis ein Jahr darauf zutage. Doch die Überreste von knapp 20 Leichen haben nichts mit homerischen Helden zu tun. Das Gräberrund stammt aus dem 16. vorchristlichen Jahrhundert und ist damit rund 400 Jahre älter, was Schliemann bald eingestehen muss.

Er findet aber in den Gräbern eine unglaublich reiche und schöne Grabausstattung, die dem homerischen Spruch vom »goldreichen Mykene« alle Ehre macht: Zahllose Goldblättchen mit schönen Verzierungen, die vermutlich auf die Totenhemden aufgenäht waren; Goldsachen in Form von Kronen und Diademen; goldene Gefäße und Siegelringe; goldene Ornamente in unterschiedlicher Gestalt (etwa Schmetterling und Greif, Herz und Löwe, Frauen mit Tauben); goldene Amulette (darunter eine Göttin mit ausgestreckten

»Löwenkopf-Rhyton« (Gefäß für Trankopfer, links) und Goldblättchen aus dem Schachtgräberbezirk A von Mykene (rechts)

Die »Agamemnon-Maske« aus dem Schachtgrab V ist mit Abstand die berühmteste der von Schliemann gefundenen fünf Goldmasken.

Armen); goldene Locken-, Ohr- und Armringe; die schon erwähnten Trankopfergefäße in Form eines Löwen- beziehungsweise Stierkopfes; bronzene Dolche mit hervorragenden Einlegearbeiten aus Gold, Silber und Niello. Ein besonders schönes Exemplar davon zeigt eine Löwenjagd.

Die fünf Goldmasken, die unter Schliemanns Ägide zwischen dem 28. November und 1. Dezember 1876 in den Gräbern IV und V gefunden wurden, gehören zu den repräsentativsten Ausstellungsstücken im Athener Museum. Die schönste von ihnen ist weltweit als »Goldmaske des Agamemnon« bekannt und fast in jedem Geschichtsbuch abgebildet. Den Namen hat sie aber nicht von ihrem Ausgräber erhal-

ten, wie oft behauptet wird. Auch über dieses Fundstück wurde in der Forschung viel diskutiert. Eine Fälschung konnte jedoch nicht nachgewiesen werden. Allerdings stand und steht hier bei den Mykene-Funden, wie schon bei denen aus Troja, noch immer die Frage im Raum: Warum wurden die wertvollsten Stücke jeweils am Ende der Ausgrabung gefunden?

Die Mykene-Grabung bringt Schliemann noch mehr Ruhm als die Entdeckung Trojas ein. Hatte er auf dem Hügel Hisarlık eine bis dahin unbekannte bronzezeitliche Siedlung freigelegt, so ist er in der Burg des Atriden Agamemnon zum Entdecker der mykenischen Kultur geworden, die ihr Zentrum auf dem Peloponnes und ganz besonders auf der »Königsburg der Atriden« hatte.

Schliemann, so sagt es ein Bonmot, schenkt dem griechischen Volk 1000 Jahre Geschichte. Denn vor dessen Ausgrabungen in Mykene beginnt jedes Geschichtsbuch über Griechenland mit dem Jahr 776 vor Christus, für das zum ersten Mal die Olympiasieger aufgezeichnet worden sind. Mit der Entdeckung der künstlerisch überaus hoch entwickelten Grabbeigaben im Schachtgräberbezirk A wird offenkundig, dass bereits rund 1000 Jahre vor dem klassischen Athen und Sparta, dem klassischen Korinth und Argos und der anderen klassischen Stadtstaaten eine große Zivilisation und Kultur auf griechischem Boden existierte. Die Ausgrabungen in Mykene verschaffen dem berühmten Kaufmann und Forscher nun auch endlich die erstrebte Anerkennung in seiner deutschen Heimat, abgesehen natürlich vom »Kladderadatsch«, der sich seine liebste Zielscheibe nicht nehmen lassen möchte.

Schliemann ist der »Vater der mykenischen Archäologie«, wie ihn der Entzifferer der sogenannten Linear-B-Schrift Michael Ventris und sein Mitherausgeber John Chadwick in einem Werk aus dem Jahre 1956 ehrenvoll benennen werden. Mit den von dem Autodidakten aus Mecklenburg initiierten Ausgrabungen wird der Grundstein zu einer neuen Wissenschaftsdisziplin gelegt, der Mykenologie.

Mykenische Bügelkanne mit Linear-B-Zeichen aus dem böotischen Theben. Hauptfundorte dieser Schrift sind aber Knossos und Pylos.

DIE »HÖRNER DES MENELAUS« UND ANDERE SATIREN AUS DEM »KLADDERADATSCH«

★

Kladderadatsch XXIX, Nr. 53,
12. November 1876, S. 211

Zur Alterthumskunde.
Herr Dr. *Heinrich Schliemann* hat, wie er in den ›*Times*‹ schreibt, auf der Akropolis von *Mykenä* die Gräber des *Agamemnon*, der *Kassandra*, des Wagenlenkers *Eurymedon* und anderer berühmter Personen der argivischen Sage entdeckt. Im Grabe des *Agamemnon* fand sich, wie wir auf directem Wege erfahren, als beßter Beweis für die Richtigkeit der Ansicht des berühmten Forschers, ein Ausschnitt aus dem damaligen *Wochenblatt von Mykenä*, die *Todesanzeige* enthaltend. Die Ursache des Todes war in schonender Weise mit den Worten: ›*Beim Baden verunglückt*‹ – angegeben.

Kladderadatsch XXIX, Nr. 57,
10. Dezember 1876, S. 226

Feuilleton.
Aus Argos.
Herr *Schliemann* hat in *Argos* jetzt auch den *Körper des Agamemnon* aufgefunden. An demselben findet er besonders bemerkbar die 32 schönen Zähne, den runden Kopf und die großen Augen.

Die Augen anlangend, würde das wieder stimmen. Mußte nicht *Agamemnon*, als er von Herrn *Schliemann* ausgebuddelt wurde, unwillkürlich *große Augen machen*?

Kladderadatsch XXIX, Nr. 58,
17. Dezember 1876, S. 231

Neueste Telegramme vom
Ausgrabungs-Schauplatz des Herrn Schliemann.
Mykenä, 15. December, 4 Uhr 13 Min. So eben stießen wir auf eine unterirdische *Röhrenleitung*. Wir glaubten anfangs, es seien die Trümmer eines *Canalisations-Radial-Systems*. Später fanden wir in einer der Röhren eine Pergamentrolle, auf welcher die tiefbetrübte Mutter *Thetis* theilnehmenden Freunden, Bekannten und Verwandten den auf dem Felde der Ehre erfolgten Tod ihres geliebten Sohnes *Achilles* anzeigt. Es ist unzweifelhaft die *Rohrpost* des Königs *Agamemnon*.
16. December, 1 Uhr 25 Min. Triumph! Wir haben auch die *Hörner* gefunden, welche *Helena* ihrem Gatten, *Menelaus dem Guten*, aufgesetzt und welche dieser während des Krieges seinem Bruder zur Aufbewahrung übergeben hatte.

Im Zentrum der Aufmerksamkeit

Den Status eines Amateurs lässt Heinrich Schliemann nun hinter sich. Aus dem belächelten Millionär mit seinem Altertums-Spleen wird ein geachteter und anerkannter Mann der Wissenschaft. Berühmte Zeitgenossen suchen seine Nähe. Viele Auszeichnungen werden ihm zuteil, ausgehend von England, dann auch in seiner deutschen Heimat. In Athen hat er sich einen luxuriösen neuen Lebensmittelpunkt geschaffen, den er ganz nach seinen Vorstellungen einrichtet.

Schliemann-Büste von Hugo Berwald (1863–1937), 1895 am Schweriner Pfaffenteich aufgestellt. Im Jahr 2010 wurde sie von Buntmetalldieben zerstört. Heute steht hier eine Kopie.

IM ZENTRUM DER AUFMERKSAMKEIT

Für seine Ausgrabungserfolge auf dem Hügel Hisarlık (Troja) und in Mykene wird Schliemann weltberühmt und mit Ehrungen überhäuft. Doch während man sich in Deutschland vor allem in den gelehrten Kreisen schwer tut, den Außenseiter und Erfolgreichen anzuerkennen, sieht das in Großbritannien ganz anders aus. Im Jahr 1877 wird er in London zum Partylöwen der Saison, wie Schliemann in einem Brief an seine Frau bemerkt. Wer Rang und Namen in Wirtschaft und Wissenschaft hat, will sich mit ihm sehen lassen. Schon zwei Jahre zuvor feierte man ihn bei einem Vortrag vor der Society of Antiquaries of London über seine Entdeckungen in Troja. Der »Frankfurter Zeitung« berichtet er ein knappes Jahr später, dass er sieben Wochen lang in London so aufgenommen wurde, als hätte er für England einen neuen Weltteil erobert. Und nun, 1877, ist die Euphorie noch um etliches größer.

Vom 22. März bis zum 22. Juni weilt der Forscher in der britischen Hauptstadt, zunächst allein, später in Gegenwart seiner Frau. Schon am Abend seiner Ankunft spricht er wieder vor der Society of Antiquaries of London, diesmal jedoch, aus aktuellem Anlass, über seine spektakulären Entdeckungen in der Burg des sagenhaften Agamemnon. Eine besondere Ehre für den Ausgräber ist die Anwesenheit von William Gladstone. Dieser war nicht nur von 1868 bis 1874 britischer Premierminister (und wird nach 1880 noch dreimal in dieses Amt gewählt), er war zugleich ein bekannter Homer-Forscher. Im Jahr 1858 veröffentlichte er über den Dichter und seine Epoche ein dreibändiges Werk. Der Politiker

war von Homer genauso fasziniert und begeistert wie Schliemann.

Gladstone, so heißt es mitunter, agierte als Schliemanns Prophet in London und England. Seine Rolle dort wird oft mit Rudolf Virchows Eintreten für Schliemann in Deutschland verglichen. Die Teilnahme des englischen Politikers und Homer-Enthusiasten an der Vortragsveranstaltung und sein großes Interesse für Leben und Werk des mecklenburgischen Pastorensohns verfehlten gerade in der breiten Öffentlichkeit ihre Wirkung nicht.

Beide Männer treffen in jenem Frühjahr 1877 noch mehrmals zusammen. Auch beim Vortrag von Sophia Schliemann am 8. Juni in London, in dem sie über ihre Mitwirkung in Mykene spricht, ist Gladstone im Publikum. Um der englischen Ausgabe seines Buches »Mykenae. Bericht über meine Forschungen und Entdeckungen in Mykenae und Tiryns« mehr Aufmerksamkeit und vor allem mehr Absatz zu verschaffen, bitten Schliemann und sein englischer Verleger John Murray den bekannten Politiker, ein Vorwort zu verfassen. Gladstone preist darin mit warmherzigen Worten die glänzenden Verdienste, die Schliemann der Altertumswissenschaft erwiesen hat, und er verweist auf Übereinstimmungen zwischen den homerischen Gedichten und den mykenischen Ausgrabungsbefunden. In Schliemanns Arbeitszimmer in seinem Athener Wohnhaus hängt lange Zeit ein Porträt Gladstones, bis er das Bild aus Ärger über dessen Politik in Ägypten entfernt.

Kein Wunder, dass der 1877 in England gefeierte Mann daran denkt, seine Samm-

Der mehrmalige britische Premierminister und Homer-Forscher William Gladstone (1809–1898) wohnt Schliemanns Vortrag vor der »Society of Antiquaries of London« über seine Entdeckungen in Troja bei.

Schliemann spricht am 22. März 1877 vor der »Society of Antiquaries« im Londoner Burlington House über seine Ausgrabungen in Mykene.

lung trojanischer Altertümer mit dem »Schatz des Priamos« in London zunächst einmal dort dem interessierten Publikum zugänglich zu machen, wie wir bereits gesehen haben.

Schliemann wird Ehrenmitglied der Society of Antiquaries of London (1876), des Royal Institute of British Architects (1877), der Royal Historical Society (1877, zusammen mit seiner Frau) und der Royal Society of Literature (1877). 1883 erhält er die Ehrendoktorwürde der Universität Oxford. Stolz schreibt er am 26. Mai desselben Jahres aus Athen an den Generaldirektor der Berliner Museen, Richard Schöne (1840–1922): »Wir gehen ... übermorgen nach Neustrelitz ab, wo ich meine Familie lasse und von wo ich nach Oxford eile, denn die Universität Oxford hat den König von Holland und mich zu Doktoren ernannt und übergibt uns am 13. Juni, bei sehr feierlicher Zeremonie, die Diplome.« Außerdem habe ihn das berühmte Queen's College in Oxford zum Honorary Fellow ernannt, was ihm zeitlebens das Recht auf ein Logis von sechs Zimmern und freie Kost und Bedienung im Kollegium gäbe. »Ich werde wohl selten Gebrauch davon machen und habe von allen diesen Ehrenstellen den Nachteil, dass sie die große Zahl meiner Ruhestörer noch vervielfältigen muss.«

Fast auf den Tag genau zwei Jahre später wird Schliemann in England eine ganz besondere Ehrung zuteil. Darüber berichtet er dem Freund Virchow am 7. April 1885: »... mir (hat) die Königin von England die riesige Ehre erwiesen, mir ihre in 1847 gestiftete, alljährlich nur einmal erteilte, große goldene Medaille für Kunst und Wissenschaft für 1885 zuzuerkennen, die ich am 8ten Juni in London, bei feierlicher Zeremonie, in Empfang zu nehmen habe.« Diese Verleihung sei gleichzeitig eine hohe Ehre für Deutschland, da es »in England von Kolossen der Wissenschaft wimmelt, die nach dieser Medaille lechzen«.

Virchows Fürsprache und Einfluss ist es wohl zu verdanken, dass der Seiteneinsteiger Schliemann nun auch von der archäologischen Forschung in seiner deutschen Heimat ausgezeichnet wird. Während sich die Vertreter der klassischen Altertumswissenschaften dabei noch deutlich zurückhalten, zeigen sich die Vertreter der Vor- und Frühgeschichtsforschung ihrem »neuen Kollegen« gegenüber schon sehr viel aufgeschlossener.

Am 25. September 1877 beschließt die Jahreshauptversammlung der Deutschen Gesellschaft für Anthropologie, Ethnologie und Urgeschichte in Konstanz, Heinrich Schliemann als Ehrenmitglied aufzunehmen. Durch seine Tatkraft und Begeisterung habe er sich um die Auffindung und Erforschung der alten Herrschersitze des Priamos und des Agamemnon höchst verdient gemacht. Schliemann habe für die Kenntnis des Altertums eine völlig neue, bisher unbekannte Epoche entdeckt. Vier Jahre später erhält er die gleiche Ehrung durch den Berliner Zweig dieser angesehenen Gesellschaft. Gründer und mehrmaliger Vorsitzender beider Vereine war Rudolf Virchow.

Schliemann wird in die Akademie der Wissenschaften in München (1882) und das Deutsche Archäologische Institut (1885) aufgenommen. Die bislang höchste Ehrung in Deutschland erlangt er am 7. Juli 1881. Zum Dank für die Schenkung der Sammlung trojanischer Altertümer mit dem »Schatz des Priamos« an das deutsche Volk ernennt ihn die Reichshauptstadt Berlin zu ihrem 40. Ehrenbürger.

Er wäre nicht Schliemann, wenn er nicht voller Ungeduld und im Hinblick auf eine Mehrung seines Ruhms auf eine rasche Ausstellung der Schenkung gedrängt hätte. Ende Dezember 1880 sollen die Exponate aus dem South Kensington Museum nach Berlin geschickt werden. Doch schon zu Anfang jenes Monats schreibt er an den Freund Virchow: »Ihr Königl.

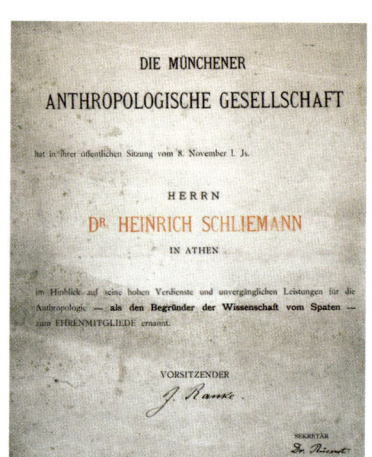

Schliemann war Ehrenmitglied vieler internationaler Vereinigungen, so auch der Deutschen Anthropologischen Gesellschaft.

Museum ist ja so ungeheuer groß; ginge es denn nicht an, dass Sie den deutschen Kronprinzen bereden Ordre zu geben, 2 Säle darin zu räumen, die darin befindlichen Sachen in Kisten zu verpacken und durch zu erteilenden kaiserlichen Befehl zu bestimmen, dass dieselben auf ewige Zeiten meinen Namen tragen.« Wenn das nichts fruchte, dann bringe er die Sammlung sofort nach Athen zurück und stelle sie dort auf. Das ändere nichts daran, dass er sie dem Berliner Ethnologischen Museum vermacht habe. »Die Direktoren der Musées du Louvre geben sich schon seit Jahren viele Mühe mich zu bereden, wenigstens meine in South-Kensington-Museum aufgestellte Sammlung auf 1 Jahr oder länger ihnen zu leihen, und stellen mir zu deren Aufnahme die Säle zur Verfügung, wo die Reliquien von Napoleon I. waren.«

Rudolf Virchow kann Schliemann beruhigen. Alles werde zu seiner Zufriedenheit verlaufen. Am 24. Januar 1881 nimmt Kaiser Wilhelm I. die Schenkung offiziell entgegen. Der Herrscher verleiht dem Geber den königlichen Kronenorden zweiter Klasse. Schliemann schwebt eigentlich Höheres vor, doch der Wunsch, den Orden »Pour le Mérite« zu erhalten, wird ihm nicht erfüllt. Virchow setzt ihm in einem Brief vom 9. Februar 1881 auseinander, wieso das nicht möglich ist. Es gebe nur eine bestimmte Zahl von Stellen in diesem Orden und man könne nur dazu kommen, wenn eine Vakanz eintritt. Die Vakanzen würden durch Wahl, aber immer nur in derselben Sparte besetzt: die Stelle eines Physikers durch einen Physiker, eines Dichters durch einen Dichter etc. Auch er, Virchow, habe sich daher längst damit abgefunden, ohne diese Dekoration zu sterben. Schliemanns Wunsch nach dieser Auszeichnung ist wohl darauf zurückzuführen, dass sein Gegner Ernst Curtius zwei Jahre zuvor in den Genuss dieses ganz besonderen Ordens gekommen ist.

Heinrich Schliemann steht Anfang der 1880er-Jahre auf dem Gipfel seines Ruhms. In Athen hat er sich einen Palast errichten lassen, den er mit der Inschrift »Iliou Melathron« (Wohnung, Haus, Hütte Trojas) versehen ließ. Hier finden regelmäßig Empfänge und Feste statt, und mancher hochrangige Gast aus Politik und Wissenschaft bewundert den klassizistischen Bau und die Ausschmückung der Innenräume im pompejanischen Stil. Auf Mosaikfußböden, Wänden und Decken werden Szenen seiner Ausgrabungen in Troja und Mykene wiedergegeben. In nicht weniger als 40 Inschriften in verschiedenen Räumen spiegeln Zitate aus Werken berühmter antiker Autoren die Grundsätze des früheren Kaufmanns und jetzigen Forschers wider: »Wenn Du ein kleines auch nur zu einem kleinen hinzufügst, und dies häufig tust, wird bald aus dem Kleinen ein Großes« (Hesiod). Vom gleichen Dichter stammt das folgende Zitat: »Nimmer kann ja der Mann etwas Besseres als eine gute Frau sich erbeuten, doch auch nichts Schlimmeres als eine böse, die aufs Essen nur lauert. Denn ohne Fackel versengt sie auch nur den stärksten Mann und macht ihn vorzeitig altern.« Aus den Sprüchen der sieben Weisen des Altertums und des Orakels von Delphi wählt er aus: »Erkenne Dich selbst«, »Erkenne den rechten Augenblick«, »Habe Ehrfurcht vor Gott«, »Nichts zu sehr« oder »Zur rechten Zeit reden«. Im Arbeitszimmer erfahren wir »Unbildung ist eine Last« (Thales von Milet), aber auch: »Ein jeglicher Mann, der edel und klug ist, liebt sein eigenes Weib und pflegt es« (Homer, Ilias). Vor dem Schlafzimmer im zweiten Stock des Hauses wird aus der »Odyssee« zitiert: »Du brauchst doch wirklich zu früh nicht ins Bett; viel Schlaf ist ja auch eine Plage.«

In der Tat, der umtriebige Geschäftsmann, Forscher und Reisende gönnt sich wenig Ruhe in seinem Leben. Jegliche Bequemlichkeit scheint er zu vermeiden. Als

Als einer der größten Unterstützer Schliemanns trat seit 1875 Rudolf Virchow (1821–1902) auf. Er war Mediziner, Universitätsprofessor, Prähistoriker und Politiker.

Sophia ihm einmal einen bequemen Lehnstuhl schenkt, soll er diesen sofort aus seinem Zimmer verbannt haben. Doch in seinen letzten Lebensjahren legt er darin in seinem Garten gern einmal ein Mittagsschläfchen ein.

Es gibt einige Berichte von Besuchern des »Iliou Melathron«, die uns einen kleinen Einblick in das Privatleben von Schliemanns griechischer Familie geben. Dieses ist ganz auf Homer und dessen Erzählungen abgestimmt. Bei Tisch wird aus der »Ilias« und der »Odyssee« vorgelesen, die Dienerschaft erhält Namen aus den Werken Homers, sein Gärtner trägt etwa den Namen des letzten sagenhaften Königs von Troja, Priamos. Ein durch Virchow vermitteltes Kindermädchen mit Namen Marie darf sich aussuchen, ob sie bei Dienstantritt Klytaimnestra, Laodike, Nausikaa oder Briseis heißen will. Sie entscheidet sich für Letzteres, also für den Namen der von Achilleus geliebten Sklavin, die ihm Agamemnon wegnahm und dadurch den berühmten Groll und Zorn des stärksten griechischen Helden hervor-

rief. Das Kindermädchen soll sich um die damals achtjährige Tochter kümmern, die den Namen von Hektors Ehefrau Andromache trägt. Nicht viel besser ergeht es dem griechischen Sohn Schliemanns, der auf den Namen Agamemnon hört. Diese Marotte des Troja-Ausgräbers mag verschroben wirken, aber auch andere wie der Sohn von Gustav von Eckenbrecher sind mit einem solchen Schicksal geschlagen; dieser erhielt von seinem Vater den Namen des Athener Feldherren und Politiker Themistokles, dem Sieger der Seeschlacht von Salamis im Jahre 480 v. Chr.

Im Jahr 1883 besucht ein Gymnasiallehrer, Professor Wilhelm Körner, der in allen slawischen Sprachen bewandert ist und ein Jahrzehnt später ein ausführliches Lehrbuch für die russische Sprache herausgeben wird, den ehemaligen russischen Untertanen Heinrich Schliemann in dessen Wohnpalast in Athen. Er wird an der Pforte von einem Diener mit Namen Rhadamanthys (in der griechischen Mythologie ein Richter über die Toten) empfangen und in Schliemanns Studierzimmer geführt. Der Besucher zeigt sich von der Pracht des Hauses beeindruckt. Nach ein paar Minuten erscheint der Hausherr, und beide führen eine Unterhaltung in russischer Sprache. Sie steigen dann zur Dachterrasse des Hauses hinauf und genießen von dort die Aussicht über die Stadt bis hin zum Meer. Nach einer halben Stunde wird zum Abendbrot in das Speisezimmer gebeten, wo der Besucher nun auch die Hausherrin und die Tochter Andromache kennenlernen darf. Ab sofort unterhalten sich die Gastgeber und ihr Gast auf Deutsch. Auf Wunsch des Besuchers trägt Sophia die ersten Verse aus der Odyssee in modernem Griechisch vor. Währenddessen bedienen ein Ödipus und eine Nausikaa bei Tisch. Dann muss Andromache ein Gedicht von Wilhelm Müller (1794–1827) aufsagen, dem Dichter der »Schönen Müllerin« und der »Winterreise«, der sich sehr für den griechischen Befreiungskampf eingesetzt hatte. Dessen Sohn lebt seit Langem als Gelehrter in England und ist mit Schliemann eng bekannt.

Von einem anderen Besucher im Haus Schliemanns, dem schwedischen Philologen Julius Centerwall (1844–1923) erfahren wir, dass er dort zu einem Essen mit einer auf Altgriechisch geschriebenen Karte eingeladen war. Für ihn ist Schliemann übrigens neben dem Kaiser, Bismarck und Moltke der bekannteste aller Deutschen. Centerwall schreitet durch den prächtigen Garten, wird vom Diener Bellerophontes (einem Helden aus der Welt Homers) in Empfang genommen und in einen für den Besucher etwas zu farbenprächtigen Salon zu Hausdame und zum Hausherrn geführt. »Der Gastgeber ist ein kleiner, ziemlich wohlgenährter Mann mit einem von einer Brille verzierten Gesicht, das … etwas an den Vogel der Athene erinnert. Sein Haar ist wenig ergraut und ein starker Bartwuchs hebt sich gegen die gelbliche, matte Farbe der Haut ab.« Es liege etwas beson-

ders Waches in seinem Blick. Sein Benehmen sei das des höflichen Kaufmanns. Der Ehrengast wird gefragt, welche Sprache er vorzieht; die Antwort bestimmt die Konversationssprache für den Tag, auch wenn ab und zu andere Sprachen vorkommen, da in diesem Haus ein Autor meistens in der Sprache zitiert wird, in der er geschrieben hat. »Als Schliemann mit mir persönlich sprach, ließ er hin und wieder Schwedisch einfließen, mit dem er einigermaßen zurechtkam.«

Schliemanns Ehefrau Sophia findet Centerwall – im Gegensatz zu vielen anderen – überhaupt nicht hübsch. Ihr Gesicht sei unregelmäßig und dessen Züge seien hart. Aber sie sei charmant und klug und beziehe jeden Gast in die Unterhaltung mit ein. An ihrer Kleidung sei aber nicht zu erkennen, dass sie die Frau eines vielfachen Millionärs sei. Der Bericht endet mit den Worten: »Hier in diesem Haus, auf diesem klassischen Boden, ist die Antike kein toter Buchstabe: sie lebt und hat die Sinne aller durchdrungen.«

Schliemann kann vor allem nach seiner Ausgrabung in Mykene mit seinem Leben zufrieden sein. Er ist gern gesehener Gast auf gesellschaftlichen Anlässen, der geachtete und in den gängigsten Sprachen der Welt bewanderte Gesprächspartner. Eine Auszeichnung zieht die andere nach sich. Auch sein Familienleben verläuft in viel angenehmeren Bahnen als damals in St. Petersburg. Er hält Kontakt zu seiner mecklenburgischen Heimat, zu seinen Verwandten und ganz besonders zu den Schwestern Doris (»Dütz«), Elise und Wilhelmine, die er hin und wieder besucht und denen er mit mancher Geldanweisung schöne Kuraufenthalte in Warnemünde und Boltenhagen ermöglicht – ein Luxus, den er sich selbst nur selten gönnt.

Stillsitzen ist seine Sache nicht – am liebsten sucht er nach wie vor neue Herausforderungen.

Schliemanns griechische Tochter Andromache (1871–1962). Seinen ebenfalls aus seiner zweiten Ehe stammenden Sohn nannte er Agamemnon (1878–1954).

Letzte Ausgrabungen und Pläne

Drei Hauptschauplätze der Geschichte sind noch heute mit dem Namen Heinrich Schliemanns eng verbunden: Troja, Mykene und Tiryns. Weniger bekannt sind seine Ausgrabungen im böotischen Orchomenos, wo er ein großes Kuppelgrab für die Wissenschaft erschließt. Pläne, in Kreta archäologisch tätig zu werden, zerschlagen sich. Am Hügel Hisarlık aber, wo Schliemann auch weiterhin arbeitet, wird er von einem neuen Mitarbeiter, Wilhelm Dörpfeld, unterstützt, der sich zu seiner größten Stütze entwickelt. Das Leben Schliemanns neigt sich dem Ende zu – aber selbst auf dem Höhepunkt seines Ruhms muss er sich mit einem lästigen Kritiker auseinandersetzen.

Schliemann hätte gern auf Kreta, der Insel des Minos, Grabungen angestellt. Dieses Vorhaben kann er jedoch nicht realisieren.

Nach seiner Mykene-Grabung und der Fertigstellung eines opulenten Werkes darüber kehrt Schliemann im Herbst 1878 und im Frühjahr 1879 nach Troja zurück. Mit einer großen Anzahl von Arbeitern und mehreren Pferdekarren beginnt nun, am 30. September 1878, die vierte Grabungskampagne auf dem Hügel Hisarlık. Zehn rumelische Gendarmen und drei Aufseher sollen für Ordnung und Sicherheit auf dem Ausgrabungsplatz sorgen. Schliemann will vermeiden, dass unbeaufsichtigte Arbeiter wertvolle Fundsachen beiseiteschaffen, wie das schließlich schon bei seinen ersten drei Kampagnen geschehen ist.

Drei Gebäude aus Holz und eines aus Stein werden errichtet. Die Räume dienen zum Schlafen, Wohnen und Arbeiten sowie als Lager für die ausgegrabenen Funde. Die Arbeiten konzentrieren sich auf die weitere Freilegung des großen megaronartigen Gebäudes westlich und nordwestlich des großen Tores und die weitere Aufdeckung des Torweges. Diesen Bau hat Schliemann schon vor Jahren als Haus des Königs (Priamos) oder Stadtoberhauptes identifiziert. Seine Annahme sieht er nun durch weitere Bronze- und Goldfunde bestätigt, die er, wie er betont, im Beisein von sieben Offizieren des englischen Kriegsschiffes »Monarch« macht.

Mit Eintritt des Winterregens werden die Grabungen am 26. November 1878 eingestellt. Nach dem Wortlaut des Fermans, der türkischen Ausgrabungserlaubnis, gehen nun zwei Drittel der Funde in den Besitz des Kaiserlich Türkischen Museums über.

Vier Monate später, am 1. März 1879, setzt Schliemann auf dem Hügel Hisarlık

seine Nachforschungen erneut mit einer großen Zahl von Arbeitern fort. Das Besondere an dieser fünften, drei Monate dauernden Grabungskampagne ist, dass mehrere Wochen lang zwei bedeutende Gelehrte in Troja mitarbeiten: der Deutsche Rudolf Virchow und der Franzose Émile Burnouf. Virchow beschäftigt sich vor allem mit botanischen, zoologischen und geologischen Fragen, und seine Dienste als großer Arzt werden von der einheimischen Bevölkerung gerne in Anspruch genommen. Burnouf zeichnet Pläne und Karten, beschäftigt sich auch mit der Geologie und der Untersuchung der bisher aufgedeckten Schuttschichten.

Die Arbeiten konzentrieren sich nun auf die weitere, umfassende Freilegung der Mauer von Schliemanns »verbrannter Stadt«, die er zu diesem Zeitpunkt für die dritte Siedlung hält. (Tatsächlich aber ist

Übermannsgroßer Pithos (Vorratsgefäß), in den sich für den Fotografen ein Mitarbeiter Dörpfelds hineinlegt, um die Größe des Gefäßes zu demonstrieren (1893/94).

Das von Sir Arthur Evans rekonstruierte große Treppenhaus im Ostflügel des großen Palastes von Knossos

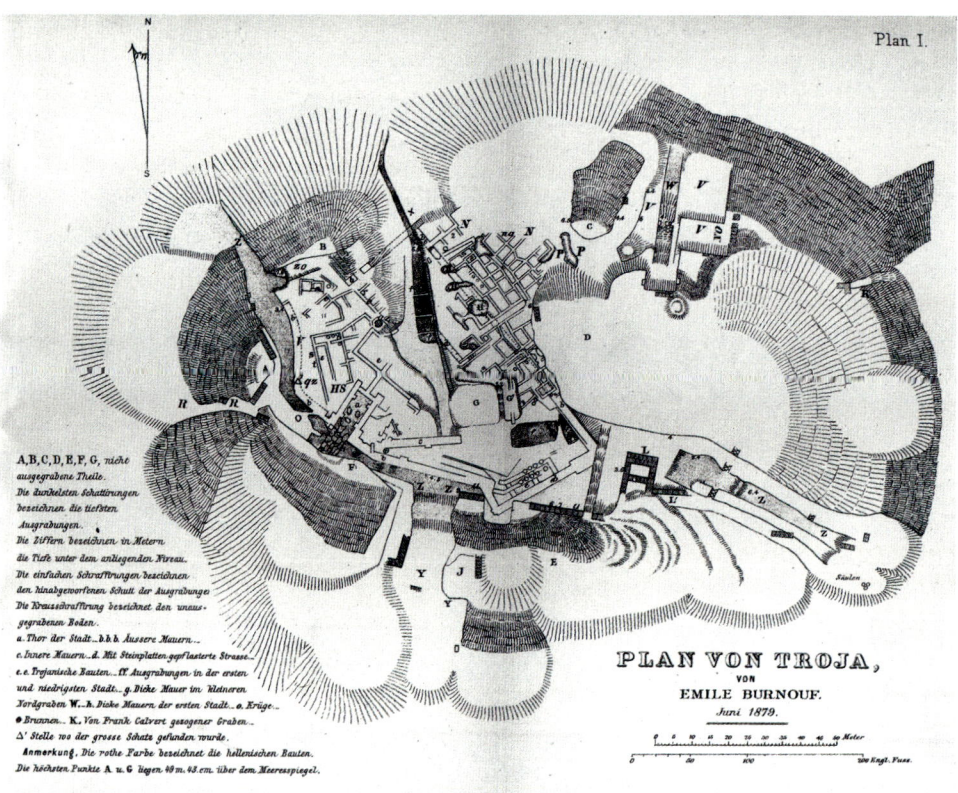

Plan I.

A,B,C,D,E,F,G, nicht
ausgegrabene Theile.
Die dunkelsten Schattirungen
bezeichnen die tiefsten
Ausgrabungen.
Die Ziffern bezeichnen in Metern
die Tiefe unter dem anliegenden Niveau.
Die einfachen Schraffirungen bezeichnen
den hinabgeworfenen Schutt der Ausgrabungen.
Die Kreuzschraffirung bezeichnet den unaus-
gegrabenen Boden.
a. Thor der Stadt.—b.b.b Aussere Mauern.—
c. Innere Mauern.—d. Mit Steinplatten gepflasterte Strasse.—
e.e. Trojanische Bauten.—ff Ausgrabungen in der ersten
und niedrigsten Stadt.—g. Dicke Mauer im Kleineren.
Nordgraben W.—h. Dicke Mauern der ersten Stadt.—o. Krüge.—
● Brunnen.— K. Von Frank Calvert gezogener Graben.—
△ Stelle wo der grosse Schatz gefunden wurde.
Anmerkung. Die rothe Farbe bezeichnet die hellenischen Bauten.
Die höchsten Punkte A. u. G. liegen 40 m. 43 cm. über dem Meeresspiegel.

PLAN VON TROJA,
VON
EMILE BURNOUF.
Juni 1879.

*Dieser Plan von Troja wird
von Émile Burnouf im Juni
1879 angefertigt.*

sie, wie drei Jahre später Wilhelm Dörpfeld erkennen wird, die zweite Schicht.) Zutage kommen kleinere Häuser mit Vorratsgefäßen in ihren Kellern. Manche dieser »Pithoi« sind so groß, dass ein Mann in ihnen aufrecht stehen kann. Und zum wiederholten Mal – nun unter den Augen von Virchow und Burnouf – werden kleinere Goldsachen gefunden.

Mit seinem deutschen Freund besichtigt Schliemann nochmals den Hügel Bunarbaschi. Beide sind sich einig darin, dass hier niemals das homerische Troja gestanden haben kann. Auch Alexandria Troas, zwei sogenannte Heroen-Grabhügel (Tumuli) und weitere Orte der trojanischen Ebene werden besucht. Schliemann wird nicht müde, die umfangreichen Kenntnisse Virchows hervorzuheben, von dessen Arbeitseifer er höchst beeindruckt ist. Und dann geschieht es! Auf einem gemeinsamen Ritt zum Ida-Gebirge soll Virchow einen Schlehdornzweig gepflückt und ihn

Schliemann mit den Worten »ein Gruß aus der Heimat« überreicht haben. Daraufhin entscheidet dieser sich spontan, seine »Sammlung trojanischer Altertümer« nach Berlin zu geben, wie wir schon gehört haben. Schliemann schreibt, Rudolf Virchow habe ihn mit Deutschland wieder ausgesöhnt.

Die Ausgrabungen der »verbrannten Stadt« werden im Frühjahr 1879 nahezu abgeschlossen. Groß ist sie nicht, diese Siedlung, die Schliemann als das homerische Troja betrachtet, das muss auch der Ausgräber eingestehen. Es besteht ein schroffer Gegensatz zwischen der geringen Ausdehnung des Ortes und dessen Beschreibungen in der »Ilias«. Mit diesem Gegensatz müssen sich alle späteren Archäologen auf dem Hügel Hisarlık auseinandersetzen, auch wenn seit 1893 beziehungsweise 1932 nicht mehr Troia II, sondern die größeren Ansiedlungen Troia VI oder Troia VII als mögliches homerisches Troja gelten. Schliemann sucht nach einer Erklärung: Homer war ja doch zuallererst ein Dichter, der die Realität literarisch überhöhte. Er kannte den »Schauplatz des zehnjährigen Krieges um die schöne Helena« nicht aus erster Hand, da er seine Werke rund 500 Jahre später schuf. Die geringe Ausdehnung der »verbrannten Stadt« schließlich findet ihre Entsprechung in der Geschichte, denn sie macht es wahrscheinlicher, dass Achilleus Hektor dreimal um die Stadtmauer verfolgen konnte, bevor er ihn schließlich tötete.

Drei Hauptschauplätze der Geschichte sind noch heute mit dem Namen Heinrich Schliemanns eng verbunden: Troja, Mykene und Tiryns. In die Reihe seiner Grabungsorte gehört auch Marathon, zu den Vorhaben seiner letzten Lebensjahre noch Delphi. Ein Ort ragt jedoch aus dieser Gruppe heraus, das böotische Orchomenos, in dem einst einer der reichsten Menschen, Minyas, als König regierte. Angeregt

durch die Bemerkung Homers vom »goldreichen Orchomenos« suchen Heinrich und Sophia den Ort zuerst im April 1880 auf. Ab Ende November und Anfang Dezember 1880 sowie im März und April 1881 finden, jeweils nur für wenige Tage, die Grabungsarbeiten statt. Im Mai 1886 kehrt Schliemann, auch nur für kurze Zeit, noch einmal hierher zurück.

Im Mittelpunkt stehen Ausgrabungen innerhalb des »Schatzhauses des Minyas«, einem Kuppelgrab aus dem 14. vorchristlichen Jahrhundert mit ähnlichen Maßen wie dem »Schatzhaus des Atreus« in Mykene. Mit einem Durchmesser von 14 Metern ist es nur ein wenig kleiner. 100 bis 120 Arbeiter, davon die Hälfte Frauen, sind gleichzeitig auf dem Ausgrabungsplatz tätig. Der Tageslohn beträgt für die Männer vier, für die Frauen drei Drachmen. Aus hellenistischer Zeit kommen viele Überreste ans Tageslicht, aber gleichfalls Massen an einfarbiger vorhistorischer

Im böotischen Orchomenos stößt Heinrich Schliemann auf das sogenannte Schatzhaus des Minyas.

Keramik und Bronzenägel, die zur Befestigung der ebenfalls bronzenen Platten an den Steinwänden des Kuppelgrabes dienten. Doch die größte Entdeckung in diesem Kuppelgrab von Orchomenos ist die wundervoll mit Rosetten und Spiralmotiven verzierte bronzene Bedeckung der Grabkammer (3,75 auf 2,75 Meter), die nach Aussagen der Bewohner des Ortes erst 1870 eingestürzt war. Deren Überreste werden im April 1881 bei der Säuberung des Bodens der Grabkammer freigelegt.

In der Umgebung führt Schliemann dann noch kleinere Grabungen und Untersuchungen durch, um weitere »Schatzhäuser« zu finden oder gar einen Palast. Seine Bemühungen bleiben jedoch erfolglos. Die Überreste werden erst rund 100 Jahre nach Schliemanns Ausgrabungen in Orchomenos vom Griechen Theodore Spyropoulos entdeckt. Immerhin gelingt es Schliemanns Frau Sophia, sechs Gräber aus byzantinischer Zeit freizulegen.

Im Jahr 1882 heißt das Ziel wieder Troja, dieses Mal gemeinsam mit einem Mann, der als »schönste Entdeckung Schliemanns« bezeichnet wurde: Wilhelm Dörpfeld (1853–1940). Schliemann ist sich bewusst, dass seine Forschungen noch nicht abgeschlossen sind. Mit Dörpfeld versichert er sich der Mitarbeit eines versierten Architekten, der aus den vorhandenen Mauerresten entscheidende Informationen herauslesen kann.

Beide Männer lernen sich bei einem Besuch Schliemanns in Olympia am 16. März 1881 näher kennen und wohl auch schätzen. Dörpfeld arbeitet seit vier Jahren in leitender Position zusammen mit Ernst Curtius und Friedrich Adler an der Erforschung der bekanntesten antiken Sportstätte. Als die Arbeiten dort vorläufig beendet werden, bietet der Architekt Schliemann seine Dienste an. Er könne sich nichts Schöneres vorstellen, so schreibt er, als Mitarbeiter bei dessen glänzenden Ausgrabungen zu sein. Ab 1882 ist es dann soweit. Beide Männer versprechen sich einen Nutzen von dieser Zusammenarbeit. Schliemann steht im Zenit seines Ruhms, Dörpfeld noch am Beginn seiner Karriere. Der Jüngere profitiert von Schliemanns Bekanntheit, Schliemann zieht Nutzen aus dessen Verbindungen in wissenschaftliche Kreise, vor allem in der deutschen Reichshauptstadt.

Wilhelm Dörpfeld wird neben Rudolf Virchow in Deutschland der größte, aber gleichfalls nicht unkritische Verteidiger des »Pioniers der Spatenarchäologie«. Folglich versuchen die Hauptkritiker Schliemanns auch die Leistungen dieser beiden Männer zu diskreditieren. Es ist allerdings verwunderlich, dass sich Dörpfeld bei seinen Forschungen in homerischen Gefilden immer mehr vom Realisten zum Romantiker entwickelt. Störrisch hält der spätere langjährige Leiter des Deutschen Archäologischen Instituts Athen selbst im hohen Alter an seiner Theorie fest, dass er die Heimat des Odysseus, mit allem was dazu gehört, auf der Insel Leukas (und nicht auf der Insel Ithaka) entdeckt haben will. Dort stirbt er hoch betagt in einem Haus, das ihm Kaiser Wilhelm II. geschenkt hat.

Zum Leiter der Ausgrabungen des Gorgotempels bei Garitza auf Korfu unter der Regie Kaiser Wilhelms II. wird der damalige Leiter des Deutschen Archäologischen Instituts in Athen, Wilhelm Dörpfeld, berufen. Das Foto zeigt Dörpfeld und den Kaiser im März 1911 vor den Giebelskulpturen des Tempels.

Doch kehren wir in das Jahr 1882 zurück. Schliemanns mittlerweile sechste Ausgrabungskampagne beginnt Anfang März und dauert bis Ende Juli. Dörpfeld gelingt es mit fachmännischem Blick, die verworrene Schichtenfolge auf Hisarlık besser zu verstehen, und er erkennt, dass die »verbrannte Stadt« nicht die dritte, sondern die zweite Schicht von unten darstellt. Er fertigt genaue Lagepläne der Ausgrabungsstätte an, zur größten Zufriedenheit Schliemanns.

Die Zusammenarbeit entwickelt sich zum Vertrauensverhältnis. Im Jahr 1884 gräbt man gemeinsam in Tiryns, danach führt Dörpfeld die Arbeiten nahezu allein weiter, weil Schliemann durch zahlreiche Verpflichtungen und Einladungen ständig unterwegs ist. Auch Tiryns, unweit von Mykene und näher am Meer gelegen, liegt wie dieses noch offen zutage. Es besitzt noch stärkere Festungsmauern, jedoch keine so markanten Bauten wie das Löwentor. Spärliche Überreste eines megaronartigen mykenischen Palastes kommen in Tiryns zutage, erstmals auch Fragmente von Wandmalereien, Darstellungen einer Wildschweinjagd etwa oder einer Ausfahrt von

vornehmen Damen. Bemerkenswert ist auch ein Fresko aus dem Palast von Tiryns, »einen Mann darstellend, der auf einem Stier tanzt«. So drückt es Schliemann aus und schmückt mit einem Bild davon den Einband seines Tiryns-Buches. Hierbei handelt es sich um ein geheimnisvolles minoisches Stierspiel, das von Kreta aus Wandmalereien und Darstellungen auf Ringen, Siegeln und Siegelabdrücken bekannt ist. Sogar in der Hauptstadt der Hyksos, im ägyptischen Auaris, fand sich eine ähnliche Wandmalerei.

Besonders beeindruckt ist Dörpfeld von der Entdeckung des sogenannten Kyanos-Frieses, das ihn an eine Schilderung in der Odyssee (7, 87) erinnert. Dort wird der Palast des Phäakenkönigs Alkinoos beschrieben. Seine Mauern waren mit Erz verkleidet, der Sims rundum bestand aus Blaustein (Kyanos). »An dem Tage«, so äußert sich Dörpfeld, »wo ich den Alabasterfries mit blauem Glas fand, war für mich die homerische Frage gelöst.«

Mit der Entdeckung der Überreste des Palastes von Tiryns hat Schliemann nach dem Auffinden des Schachtgräberrings in Mykene (1876) und des mit einer wunder-

Schliemann und Dörpfeld entdecken 1884/85 in den Ruinen des Palastes von Tiryns auch Überreste von Wandmalereien wie diese »Damen auf Ausfahrt« (links).
Zwischen 1876 und 1885 führen Heinrich Schliemann und Wilhelm Dörpfeld Ausgrabungen in Tiryns durch. Sie legen dabei auf dem höchsten Teil des Felsens, der sogenannten Oberburg, den mykenischen Palast frei (rechts).

121

baren Reliefdecke geschmückten Kuppelgrabes in Orchomenos (1880/81) der Erforschung der mykenischen Kultur einen weiteren großen Dienst erwiesen.

Doch ein großer Wunsch des erfolgreichen Archäologen ist noch nicht in Erfüllung gegangen. Schliemann hätte sein Lebenswerk sehr gern mit der Ausgrabung des Palastes des sagenhaften Königs Minos auf Kreta gekrönt. Das bleibt ihm aber verwehrt, da Kreta bis 1898 unter der Verwaltung des Osmanischen Reiches steht. Die stolzen Kreter haben gar kein Interesse an Ausgrabungen, weil sie befürchten, dass alle Funde ins Museum nach Konstantinopel wandern.

Homer hob in seinen Werken ja nicht nur Ithaka, Mykene und Troja besonders hervor, sondern er verwies gleichfalls auf die besondere Rolle der Insel Kreta und ihres einstigen Königs Minos. Für einen Homer-Anhänger wie Schliemann, der sich in erster Linie an der Geographie seines Idols orientierte, ist es nur konsequent, auch dort zu graben.

Wann dieser Plan endgültige Gestalt annimmt, lässt sich nicht mehr mit absoluter Sicherheit sagen. Ende 1878 und Anfang 1879 hatte der kretische Jurist und Kaufmann Minos Kalokairinos südlich von Heraklion (Iraklion) auf dem Hügel Kephala Tschelebi gegraben und war dabei auf die Westmagazine des großen Palastes von Knossos gestoßen. Zwölf große Vorratsgefäße (Pithoi) kamen zum Vorschein. Weitere Ausgrabungen würden wohl zusätzliche Funde versprechen. Wann Schliemann von den Untersuchungen von Kalokairinos erfuhr, ist nicht bekannt.

In der Zeitschrift »Nord und Süd« ließ Arthur Milchhoefer 1882 die bisherigen Ausgrabungen Schliemanns Revue passieren. Er erklärte das volk- und städtereiche Kreta zum Ausgangspunkt der gesamten mykenischen Kultur. Übereinstimmend bezeichneten die Quellen Kreta nicht nur als die Wiege großer religiöser Bewegungen, sondern auch der griechischen Kunst. Milchhoefer forderte Schliemann indirekt auf, auch auf Kreta zu graben und dem Boden seine Geheimnisse zu entreißen.

Vermutlich bedurfte es einer solchen Einladung nicht. Am 7. Januar 1883 tritt Schliemann in einem Brief an den Generalgouverneur von Kreta, Photiades Pascha, heran und erbittet von ihm eine

Blick in die Westmagazine mit den über 400 Pithoi. Im Gegensatz zu den trojanischen Vorratsgefäßen besaßen diese einen flachen Boden.

Grabungserlaubnis. Dabei verweist er auf seine bisherigen großen Erfolge. Drei Wochen später antwortet der Statthalter und macht Schliemann klar, dass sich die Kreter wegen der gegenwärtigen politischen Situation gegen jegliche Ausgrabungspläne sträubten und man ihnen mindestens so günstige Vertragsbedingungen wie die zwischen Griechenland und Preußen in Olympia bieten müsse, das heißt, alle Funde müssten auch im Land bleiben.

Bald erfährt der ungeduldig auf einen Ferman wartende Ausgräber, dass eine Zustimmung nur durch das neu geschaffene kretische Parlament (mit 49 christlichen und 31 moslemischen Abgeordneten) erteilt werden kann und dass es von Vorteil sei, sich mit den Deputierten persönlich bekanntzumachen. Doch dazu ist Schliemann wegen vieler anderer Verpflichtungen weder 1883 noch in den beiden Folgejahren in der Lage.

Ende Mai 1886 endlich besucht Schliemann zusammen mit Dörpfeld die Insel, voller Zuversicht, demnächst in Knossos graben zu dürfen. In einem Brief an seinen deutschen Verleger Brockhaus setzt er den Beginn der Arbeiten auf Kreta auf den 15. Oktober an. Doch diese Rechnung hat der bekannte Archäologe ohne die Eigentümer des Hügels Kephala gemacht. Letztere hoffen auf ein großes Geschäft und verlangen von Schliemann, er müsse das um den Hügel herumliegende Gelände mitkaufen, für den horrenden Preis von 100 000 Francs.

Wieder vergehen drei Jahre. Im Februar 1889 reist Schliemann nochmals nach Kreta. Der gewiefte Kaufmann wittert Betrug. Die Geschichte, dass er die Olivenbäume auf dem Gelände, das er für seine Ausgrabung kaufen sollte, nachzählt, ist oft kolportiert worden. Statt der behaupteten 2500 seien es nur 888 gewesen! Also sieht er von einem Kauf ab. Doch das ist nur die halbe Wahrheit. In einem Brief an Virchow vom 17. März 1889 nennt Schliemann noch einen anderen, den Hauptgrund: »Es sind dort nämlich 2 Parteien, wovon die eine Forschungen aller Art begünstigt, während die andere, bei weitem stärkere, sich dagegen widersetzt und keine Ausgrabungen gestatten will, ehe nicht Kreta von Griechenland annexiert ist.« Die Leute sagten, sie hätten hier keine Sicherheit für die ausgegrabenen Altertümer, denn als Erstes

würden die Türken bei Ausbruch eines Aufstandes das zerstören, was die Griechen am höchsten schätzten – nämlich das Museums in Heraklion. Außerdem fürchteten sie, die türkische Regierung in Konstantinopel würde die ausgegrabenen Gegenstände für ihr eigenes Museum reklamieren. Das aber zöge erst recht einen Aufstand nach sich.

Die Ausgrabung des Palastes von Knossos und die Entdeckung der minoischen Kultur blieb Sir Arthur Evans vorbehalten. Er konnte ab 1900 auch den Nachweis erbringen, dass die Kulturen, die Schliemann entdeckte, nicht schriftlos waren. Mit der Entzifferung der Linear-B-Tafeln bzw. der Linear-B-Schrift durch Michael Ventris im Jahre 1952 wurden auch die letzten Zweifel beseitigt, dass in der zweiten Hälfte des zweiten vorchristlichen Jahrhunderts – das ist die mögliche Zeit eines »trojanischen Krieges« – im mykenischen Griechenland und in der ägäischen Inselwelt griechisch gesprochen wurde.

Schliemann gibt seine Kretapläne nicht auf, für ihn ist es aber zunächst wichtiger, 1889 nach Troja zurückzukehren.

Der Anlass ist eher unerfreulich für ihn. Als besonders penetranter Gegner des Ausgräbers macht Hauptmann a. D. Ernst Bötticher (1842–1930) von sich reden, der sowohl am Deutschen Krieg im Jahr 1866 als auch am Deutsch-Französischen Krieg 1870/71 teilgenommen hatte und im Alter von 36 Jahren als Kriegsinvalide seinen Abschied erhielt. Er begann ein Studium und schrieb für Zeitungen. Bald entdeckt er Schliemanns Ausgrabungsstätten als Thema für sich und behauptet nun 1883, dass das, was Schliemann und Dörpfeld auf Hisarlık ausgegraben hätten, keine bronzezeitliche Siedlung gewesen sei. Hier hätten keine Menschen gelebt und gearbeitet, sondern es handele sich um eine Art von Feuernekropole. Hier wären, so Bötticher, über Jahrhunderte Tote verbrannt worden.

Trojanischer Riesenpithos aus dem »Weinmagazin«, der mit seinem spitzen Unterteil zum Teil in die Erde gesenkt wurde.

Schliemann, der mit wissenschaftlichen Kontroversen sowieso seine Probleme hat, regt sich fürchterlich über eine derartige Behauptung auf. Er muss von den Freunden und Mitstreitern Virchow und Dörpfeld beruhigt werden. Bereits 1884 verteidigt der einflussreiche Medizinprofessor und Universalgelehrte in den »Verhandlungen der Berliner Gesellschaft für Anthropologie, Ethnologie und Urgeschichte« die Ergebnisse des Troja-Ausgräbers. Er wirft seine eigene Kompetenz in die Waagschale und fragt, wo denn die menschlichen Überreste seien. Wenn Bötticher glaube, dass alles restlos verbrannt worden sei, dann sei das Unsinn. »Wie sollte in so hohen Gefäßen, welche eine verhältnismäßig enge Öffnung besitzen, der Luftwechsel stattfinden, den auch Hr. Bötticher für die Verbrennung für erforderlich hält und den er sich in ganz unphysikalischer Weise durch die Luftverdünnung in der erhitzten Urne erklärt?«

Wer aber nun glaubt, dass der preußische Hauptmann a. D. sich von einem berühmten Akademiker eines Besseren belehren lassen würde, täuscht sich sehr. Angriff auf Angriff lanciert er gegen die Grabungsergebnisse Schliemanns und mittlerweile auch Dörpfelds. Zwischenzeitlich hatten auch die Ausgrabungen in Tiryns stattgefunden, die Schliemann auf einem wissenschaftlichen Kongress in Breslau vorstellt, wobei er Parallelen zu Troja zieht. Nun erklärt der pensionierte Offizier kurzerhand auch noch Tiryns zur Feuernekropole. Bötticher soll, wie jemand einmal treffend bemerkte, zu Schliemanns Sargnagel werden. Zahlreiche Veröffentlichungen, teilweise auch in sehr renommierten Zeitschriften, propagieren diese absurde Hypothese.

Was wirft Bötticher Schliemann vor? Die geringe Größe der Siedlung, die dieser als sein homerisches Troja erkannt hatte. Die Ursache des Brandes in der »verbrannten Stadt« rührte nicht von einer kriegerischen Zerstörung her, sondern eben durch eine dauerhafte Verbrennung von Toten. Allein die Gestalt des Hügels Hisarlık, die der Hauptmann a. D. bis Ende 1889 nur aus Abbildungen kennt, erinnere an einen Grabhügel, wie sie dergestalt als Kurgane oder Tells in verschiedenen Teilen der Welt anzutreffen wären. Die aufgefundenen Pithoi dienten nicht als Vorratsgefäße, sondern zum Verbrennen der Leichen. Zu dieser Behauptung gibt Schliemann unglücklicherweise in den ersten Jahren seiner Ausgrabung selbst eine Vorlage. In frühen Publikationen hatte er fälschlich große Mengen von Holzasche und eine »bedeutende Anzahl großer Leichenurnen, die menschliche Aschenüberreste, aber keine Knochen enthielten«, beschrieben. Der »Schatz des Priamos« und andere gefundene Goldsachen seien Totenschmuck.

Eines widerstrebt Bötticher besonders: die primitive und unglasierte Keramik. Unglasierte Keramik, so hätten seine Versuche im Labor ergeben, eigne sich nicht für den täglichen Gebrauch. Sie sei viel zu porös. Und eine so primitive Keramik spräche einer hohen menschlichen Kultur Hohn. Schließlich wirft er Schliemann, Dörpfeld und auch Virchow vor, dass sie Lagepläne aus »Ilios« drei Jahre später im neuen Werk »Troja« verändert und für ihre Theorien zurechtgestutzt hätten.

Wie kann man diesen penetranten Quälgeist nur loswerden? Besonders ärgert Schliemann, dass Bötticher trotz dieser schweren Vorwürfe von 1885 bis 1889 der Berliner Anthropologischen Gesellschaft angehört, deren Ehrenmitglied er ja selbst ist. Sogar im »Correspondenz-Blatt« dieser Vereinigung erscheint ein Artikel seines lästigen Widersachers.

Vom 5. bis 10. August 1889 findet die 20. Allgemeine Versammlung der Deutschen Gesellschaft für Anthropologie, Ethnologie und Urgeschichte gemeinsam mit jener der Wiener Anthropologischen Ge-sellschaft im Naturhistorischen Museum in Wien statt. An diese Tagung richtet Bötticher ein »Offenes Sendschreiben« und eine auf Französisch verfasste Monographie. Die Schriften werden dem Kongress vorgelegt, der sich einstimmig gegen Böttichers Hypothese ausspricht. In einer der Sitzungen bezeichnet Virchow Böttichers Hypothese als »furchtbaren Unsinn«.

Keine zehn Tage später beginnt in Paris der 10. Internationale Kongress für Anthropologie, Ethnologie und Archäologie. Schliemann nimmt daran teil. Bötticher hat hier eine weitere Denkschrift eingereicht mit dem Titel »Schliemanns Funde von Hisarlık, eine Hinterlassenschaft des Todten- und Ahnenkultus«, die nicht bei allen Kongressteilnehmern auf sofortige Ablehnung stößt. Schliemann verteidigt sich mit einer langen und emotionalen Rede und lädt seinen Widersacher auch in Dörpfelds Namen nach Troja ein. Sogar dessen Reisekosten werde er übernehmen. Virchow reagiert auf diesen Vorschlag in einem Brief mit trockenem Humor: »Ihr Anerbieten an Bötticher habe ich in der Nationalzeitung gelesen. Sollte er dasselbe

Diese Fotografie vom 28. Juni 1885 zeigt die Berliner Gesellschaft für Anthropologie während einer Exkursion in Neustrelitz (Rudolf Virchow hinten, vor dem Baum).

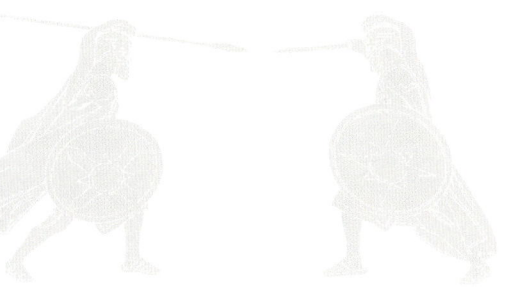

annehmen, so bedaure ich Hrn. Dörpfeld von ganzem Herzen. Eine solche Reise mit einem solchen Mann machen zu müssen, ist eine Art von Strafe. Da müssten sie schon noch einen Dritten mitschicken. Hoffentlich haben Sie nicht an mich gedacht.«

Ernst Bötticher nimmt die Einladung unter der Bedingung an, dass er selbst mit Spitzhacke und Spaten Nachforschungen betreiben könne. Da Schliemann zu dieser Zeit keinen neuen Ferman besitzt, kann er dafür nicht garantieren. Daraufhin wirft der Artilleriehauptmann a. D. am 22. September dem berühmten Troja-Forscher in der »Kölnischen Zeitung« Scheinheiligkeit vor. Er wisse doch genau, dass er keine neue Grabungserlaubnis erhalten würde, da er in der Türkei als russischer Spion gelte. Fünf Tage zuvor hat die renommierte Wiener »Tageszeitung« die kuriose Auseinandersetzung beider Männer treffend als einen »trojanischen Federkrieg« bezeichnet. Dabei steht sie ganz auf der Seite Heinrich Schliemanns.

Nun geht es Schlag auf Schlag. Wilhelm Dörpfeld kann Schliemann am 11. Oktober berichten, dass ein Ferman ausgestellt werde. Schliemann bittet Frank Calvert, mit dem er sich wieder ausgesöhnt hat, ihn bei der Organisation der Troja-Konferenz zu unterstützen. Dieser hilft in der Folge nicht nur bei der Errichtung von Holzhütten, die dann als »Schliemannopolis« oder »Schliemannburg« bezeichnet werden. Er unternimmt gleichfalls im Auftrag Schliemanns eine Probegrabung, deren Ziel die Auffindung der Nekropole Trojas ist, denn jede menschliche Siedlung braucht auch einen Begräbnisplatz für ihre Toten. Sei dieser gefunden, werde sich die Hypothese von einer Feuernekropole von selbst in Rauch auflösen.

Schliemann bemüht sich indessen um die Teilnahme von internationalen Gelehrten. Aus Wien kommt Professor George Niemann (1841–1912), ein Kollege des berühmten Theophil von Hansen (1813–1891), dessen Bauten das Bild dieser Stadt noch heute prägen. Die Berliner Akademie empfiehlt Bernhard Steffen, der schon Karten von Mykene angefertigt hat. Kein schlechter Schachzug, denn dieser ist Major und steht damit einen Dienstgrad höher als Bötticher!

Am 8. November 1889 trifft Schliemann in Troja ein. Drei Wochen später reisen Bötticher, Niemann und Steffen an. Ein paar Tage zuvor ist Wilhelm Dörpfeld angekommen. Die Teilnehmerschar wird durch Frank Calvert und Ghalib Bey vom Museum in Konstantinopel vervollständigt. Diese erste Troja-Konferenz findet vom 1. bis 6. Dezember statt.

Zunächst wird der Ausgrabungsplatz in Augenschein genommen, man diskutiert über sogenannte Ascheurnen und vergleicht die publizierten Lagepläne mit dem archäologischen Befund. Ernst Bötticher gerät zunehmend in die Defensive. Schon auf ihrer Heimreise, in Konstantinopel, verfassen Professor Niemann und Major Steffen eine Erklärung, die sofort in der internationalen Presse erscheint. Darin heißt es, dass Böttichers Annahmen und Anschuldigungen in jeglicher Hinsicht unbegründet seien. Auch den Vorwurf der Manipulation von Ausgrabungsergebnissen habe er zurücknehmen müssen. Neun Tage später, am 19. Dezember – ebenfalls noch in Konstantinopel – formuliert Bötticher eine Entgegnung, die auch sofort Eingang in diverse Zeitungen findet. Er verwahrt sich vehement dagegen, dass seine Vorwürfe völlig unbegründet seien. Nur die Behauptung, dass Dörpfeld Grabungsbefunde gefälscht habe, nimmt er zurück. Fern vom Hügel Hisarlık gewinnt der Querulant wieder Oberwasser. Wahrhaft dreist wirkt seine Forderung an Schliemann, er solle ihm noch weitere 1000 Mark für Reisekosten bezahlen, was dieser freilich unterlässt.

Sobald das Protokoll der Tagung in gedruckter Fassung vorliegt, wettert Bötticher gegen dessen Formulierungen und wirft den anderen Konferenzteilnehmern Parteilichkeit vor. Bis an sein Lebensende will er seine Niederlage nicht akzeptieren. Ein Gutachten über seine späteren Schriften bescheinigt ihm »eine ganz eigenartige Gewissenlosigkeit, gepaart mit großer Unkenntnis«.

Anfang März 1890 kehrt Schliemann wieder für weitere Ausgrabungen nach

Hisarlık zurück. Ende des Monats treffen die Teilnehmer der zweiten Troja-Konferenz (28. bis 30. März) ein: Der Bauingenieur Charles Babin (1860–1932) aus Paris, der Professor für Archäologie Friedrich von Duhn aus Heidelberg (1851–1930), der Geschäftsführer der Anthropologischen Gesellschaft in Breslau, Sanitätsrat Wilhelm Grempler (1826–1907), der Generaldirektor der türkischen Museen und Altertümer Osman Hamdi Bey (1842–1910), der Ausgräber von Pergamon Carl Humann (1839–1896) und der Direktor der Amerikanischen Archäologischen Schule in Athen Charles Waldstein (1856–1927). Rudolf Virchow, Frank Calvert sowie natürlich Schliemann und Dörpfeld vervollständigen den Teilnehmerkreis.

Erneut besichtigt man die Grabung, erneut stellte man fest, dass die Publikationen Schliemanns und seiner Mitarbeiter korrekt und keinerlei Hinweise für die Existenz einer angeblichen Feuernekropole erkennbar wären, und wieder verfasst man – diesmal in drei Sprachen – ein Protokoll, das am 30. März von den Teilnehmern unterzeichnet und dann an die »Times« und an Brockhaus zur Publikation übermittelt wird.

Zweite Troja-Konferenz Ende März 1890 u. a. mit Virchow (2. v. l.), Calvert (sitzend 1. v. l.), Schliemann (dahinter) und Dörpfeld (hinten Mitte)

Das letzte Foto vom kranken Schliemann, das am 20. Dezember 1890 in Paris aufgenommen wurde.

Mitte April reisen Virchow und Schliemann nochmals durch die Troas und zum Ida-Gebirge. Dabei zieht sich Schliemann eine Erkältung zu. Das Ohrenleiden, das ihn seit Jahrzehnten plagt, verschärft sich. Er wird auf dem linken Ohr taub. Virchow, der prominente »Hausarzt« der Familie Schliemann, rät ihm zur Operation, warnt aber gleichzeitig vor der Schwere des Eingriffs. Sie sollte, so schreibt Virchow später in seinen Erinnerungen an den Freund in der »Gartenlaube«, nur im Notfall ausgeführt werden.

Bevor Schliemann sich dieser Angelegenheit annimmt, gräbt er vorerst mit Dörpfeld in Troja weiter. Sie verlagern nun den Schwerpunkt vom Zentrum des Hügels an die Peripherie und stoßen dort (in der Schicht VI) auf mykenische Keramik, deren Aussehen seit den Grabungen in der Burg des Agamemnon bestens bekannt ist. Sie stutzen. Dörpfeld schaut Schliemann an und fragt: »Herr Schliemann, haben wir uns denn in der Annahme geirrt, dass Troia II, wo Sie den ›Schatz des Priamos‹ gefunden haben, der Schauplatz des von Homer beschriebenen trojanischen Krieges sei? Es muss doch diese Schicht sein, in der mykenische Keramik steckt. Mykenische Griechen und die berühmten Trojaner lebten doch zur gleichen Zeit!«

Viele Jahrzehnte nach Schliemanns Tod wird Dörpfeld dem hin und wieder viel gescholtenen Schliemann-Forscher Ernst Meyer und auch dem amerikanischen Ausgräber Carl Blegen berichten, wie Schliemanns Reaktion auf seine Frage ausfiel. Schliemann sieht seinen 30 Jahre jüngeren Kollegen lange mit großen, zweifelnden Augen an. Wortlos verschwindet er in seinem Grabungshaus. Erst nach vier Tagen lässt er sich wieder sehen und sagt zu Dörpfeld: »Ich denke, Sie haben recht.«

Leider kommt es nicht mehr dazu, dass Schliemann seine Korrektur öffentlich machen kann. Das bleibt seinen Nachfolgern

Dörpfeld, Blegen, Korfmann und Pernicka überlassen.

Im November 1890 fährt Schliemann nach Halle/Saale und lässt sich an beiden Ohren operieren. Die Operation ist, wie Virchow vermutet hatte, sehr schwer. Aus beiden Ohren werden Auswucherungen (Exostosen) entfernt.

Doch der stets ungeduldige Schliemann schont sich nicht. Eingewickelt in Bandagen wie eine Mumie, im Bett liegend, lässt er sich Korrekturfahnen von seinem deutschen Verleger Brockhaus zusenden. Zur Zerstreuung liest er »1001 Nacht« – auf Arabisch natürlich. Viel zu früh verlässt er das Krankenzimmer, fährt nach Berlin und geht mit Virchow noch einmal durch die Museumsräume, wo seine großartige trojanische Sammlung mit dem »Schatz des

Priamos« untergebracht ist. Er fährt weiter nach Paris, wo ein letztes Foto von ihm gemacht wird, das einen kranken und müden Mann zeigt. Er erreicht Neapel. Bei kaltem Wetter, die Ohren mit Watte verstopft, besucht er noch einmal den Ausgrabungsplatz von Pompeji. Er freut sich auf das gemeinsame Weihnachtsfest mit seiner Familie in Athen, das wegen der noch bestehenden Kalenderdifferenz nach unserem gregorianischen Kalender auf den 6. Januar 1891 fällt. Doch dazu kommt es nicht mehr. Am 25. Dezember bricht Schliemann in den Straßen von Neapel bewusstlos zusammen. Er wird, noch unerkannt, in ein in der Nähe gelegenes Hotel gebracht, wo sich, nachdem seine Identität feststeht, viele Ärzte um ihn kümmern. Noch ehe sie sich einig sind, was wohl zu

tun wäre, um sein Leben zu retten, stirbt Schliemann am zweiten Weihnachtsfeiertag 1890 an einer Gehirnhautentzündung. Die ärztliche Diagnose lautet: Meningitis mit Halbseitenlähmung rechts mit Aphasie, Hirnabszess im linken Schläfenlappen.

Der Leichnam wird nach Athen überführt. Heinrich Schliemann erhält ein großartiges Begräbnis, zahllose Nachrufe aus aller Welt würdigen seine Leistungen.

Seit 1892 steht das Schliemann-Mausoleum auf dem Ersten Friedhof in Athen. Hierher wird er umgebettet. Hier ruhen auch seine zweite Frau Sophia, die 1932 stirbt, seine griechische Tochter Andromache (gestorben 1962) und deren Nachkommen. Sohn Agamemnon wurde 1954 in Paris beigesetzt. Im Jahr 1969 stirbt Schliemanns griechische Familie aus.

Die brennende Leidenschaft für die Geschichte des Altertums führte Schliemann immer wieder zu den gut erhaltenen Überresten Pompejis. Im Jahr 1890 nimmt der mittlerweile berühmte Ausgräber zum letzten Mal die Ruinen des Jupitertempels in Augenschein.

129

IRRTÜMER UND VERDIENSTE

Der große und glückliche Entdecker Heinrich Schliemann hat in seinen knapp 69 Lebensjahren viel erlebt und viel geleistet. Er hat privat und beruflich Sonnen- und Schattenseiten des Lebens kennengelernt. Er hat als Kaufmann und Archäologe beträchtliche Erfolge erzielt, die ihn reich und berühmt machten. Misserfolge und Angriffe besonders in seiner großen Passion galt es zu verkraften und abzuwehren. Vorwerfen kann man ihm seinen Hang zur Selbstinszenierung, der ihn dazu brachte, Geschichten zu schönen und die Öffentlichkeit, seine Leser und vielleicht auch sich selbst zu belügen. Diese charakterliche Schwäche machte ihn zu Lebzeiten, macht ihn heute und auch in Zukunft für alle, die sich mit seiner Person und seinem Werk beschäftigen, angreifbar. Das macht das Schreiben und Lesen über diesen Mann kompliziert und interessant zugleich. Doch egal aus welchem Blickwinkel man ihn auch betrachtet: Alle Beschreibungen von Schliemanns Schwächen und Irrtümern sollten seine Stärken und die großen Leistungen für die Altertumswissenschaften nicht verdrängen.

Die Irrtümer sind vor allem in seiner Fundzuweisung und -beschreibung zu suchen. Sie haben ihre Ursache besonders darin, dass die Archäologie zu Beginn seiner Ausgrabungen noch in den Kinderschuhen steckte, dass Grabungsmethoden erst entwickelt werden mussten, dass die Kenntnis von hoch entwickelten ägäischen Kulturen nur auf Aussagen antiker Autoren beruhte. Der mecklenburgische Pastorensohn stellte die Erzählungen Homers über alles. Er irrte in der Gleichsetzung von Troia II mit dem homerischen Troja. Ganze 1000 Jahre Unterschied liegen zwischen seinem »Schatz des Priamos« und einem möglichen letzten Herrscher der berühmten Festung. Er irrte auch, als er den Schachtgräberbezirk A von Mykene als Grablege homerischer Helden identifizierte. Die zeitliche Differenz beträgt hier immerhin noch rund 400 Jahre.

Schliemann war zu ungeduldig, arbeitete zu hastig, und das mit einer nicht überschaubaren Schar von Arbeitern. Bester Beweis für seine Ungeduld ist der berühmt-berüchtigte Schliemanngraben in Troja – er ist 40 Meter breit und 16 Meter tief. Er hat mit dieser brachialen Methode dort und später in Mykene Fundzusammenhänge unwiderruflich zerstört. Zumindest tief in seinem Inneren wird er dieses Vorgehen als erfahrener Ausgräber später bedauert haben. Ihn trieb der Ehrgeiz an, zu beweisen, dass er kein Phantast war.

Zum Vor- und Nachteil gleichzeitig geriet ihm sein massives Auftreten in der internationalen Presse. Einerseits mutete die Inszenierung der eigenen Person mitunter peinlich an, zum anderen gewann er dadurch ein großes Publikum für die Archäologie, für die Geschichte der Menschheit. Verdienst und Schwäche zugleich war aber auch das schnelle Publizieren seiner Ausgrabungsergebnisse. Voreilige Schlüsse und Fehleinschätzungen waren die Folge, die bei ruhiger Überlegung hätten vermieden werden können.

Schliemann muss vor dem Hintergrund seiner Zeit betrachtet werden, und in dieser Hinsicht lassen ihm auch die meisten

Auf Briefmarken wurde Schliemann in seiner Heimat Deutschland und in Griechenland gewürdigt.

Vor der Ausgrabungsstätte in Troja steht seit 1874 dieses trojanische Pferd (nachgebaut im chinesischen Shizao!).

Dieses Bild von Schliemann in orientalischer Tracht aus dem Jahr 1859 oder 1864 lässt einen eher an Karl May als an den Kaufmann und späteren Archäologen denken.

jüngeren Veröffentlichungen Gerechtigkeit widerfahren. Schliemann gehört nicht auf ein Denkmal. Vom Sockel gestoßen wurde er von der modernen und kritischen Forschung seit rund 40 Jahren allemal. Aber der Mann gehört auch nicht ins Abseits und er sollte nicht als pathologischer Lügner und Scharlatan diffamiert werden.

Der selbsternannte Entdecker Trojas ist, wenn nicht Begründer, so doch zumindest Mitbegründer der historischen Archäologie. Er wollte mithilfe des Spatens die Vergangenheit ans Tageslicht befördern. Für ihn besaß jede Tonscherbe Aussagekraft. Das war zu seiner Zeit durchaus nicht die Regel. Dass sich archäologische Funde jedoch weitaus schwieriger interpretieren lassen als antike Texte oder Inschriften, versteht sich von selbst.

Schliemann gelang es mit seinen Ausgrabungen auf dem Hügel Hisarlık, mögliche geschichtliche Wurzeln der homerischen Epen freizulegen. Er wurde damit und durch seine späteren Ausgrabungen in Mykene, Orchomenos und Tiryns zum Entdecker von vorklassischen und zum Teil vorgriechischen Kulturen auf dem Peloponnes und an der kleinasiatischen Küste. Er steht am Beginn einer »Homer-Archäologie«.

Sein System der Tiefengrabung durch alle Kulturschichten bis auf den natürlichen Boden wird seitdem – freilich bedeutend vervollkommnet – in der archäologischen Forschung angewandt. Auch die Keramik als Leitwert für eine relative und absolute Chronologie, wie sie zuerst – zumindest in dieser Intensität – von Schliemann ausgewertet wurde, hat trotz moderner naturwissenschaftlicher Datierungsmethoden nichts an Bedeutung verloren. Letztlich schlug er in enger Zusammenarbeit mit Virchow durch eine detaillierte topografische Erkundung der trojanischen Ebene eine Brücke zwischen Geistes- und Naturwissenschaften.

Schliemann war ein ruheloser, dem Lebensgenuss kaum zugänglicher Mann. Er war Kaufmann und Forscher, Autodidakt und Fachmann, ein Münchhausen und ehrlicher Freund. Er war ein fleißiger, kluger Mensch mit vielen Fehlern; er lebte einen Roman, an dem er selbst mitschreiben wollte. Ihn auf einen reinen Schatz- beziehungsweise Goldsucher und krankhaften Lügner zu reduzieren, wäre ungerecht.

Die Kontroverse um Schliemanns Theorie hält jedenfalls an. Vor drei Jahren erschien ein Buch des Tübinger Althistorikers Frank Kolb mit dem provokanten Titel »Tatort ›Troia‹. Geschichte, Mythen, Politik«. Sein Fazit: Wer sich auf die Suche nach dem homerischen Troja macht, der sollte nicht in den Nordwesten der Türkei fahren, sondern sich die »Ilias« zur Hand nehmen. Das bewusst in polemischem Ton geschriebene Buch fand seine Befürworter und seine Gegner. Die besondere Brisanz dieser Publikation ist der Tatsache geschuldet, dass hier ein Tübinger Universitätsprofessor kein gutes Haar an der seit 1988 durchgeführten Ausgrabung seiner Tübinger Kollegen Manfred Korfmann (1942–2005) und Ernst Pernicka auf dem Hügel Hisarlık lässt. Sie und ihr internationales Archäologenteam hätten nichts gefunden, was zur Annahme berechtigte, »Troja« wäre eine Handelsmetropole und ein bedeutender Herrschersitz gewesen. Fachkollegen sprächen manchmal von einem »Piratennest«.

Spätestens durch die von Korfmann initiierte große Ausstellung »Troia. Traum und Wirklichkeit« 2001/2002 in Stuttgart, Braunschweig und Bonn brach ein neuer »Krieg um Troja« aus. Er wird erst beendet sein, wenn die eine oder andere Seite hundertprozentige Beweise für die Existenz oder Nichtexistenz eines homerischen Trojas erbringt. Die Aussicht darauf bewegt sich gegen null. Unter deutscher Führung stehen die Grabungen auf dem »Schicksalsberg der Archäologie« jedenfalls nicht mehr. Die Grabungslizenz lief 2012 aus.

Professor Manfred Korfmann (1942–2005) von der Universität Tübingen leitete die Ausgrabungen auf Hisarlık von 1988 bis 2004.

Neuer Grabungsleiter in Hisarlık ist der türkische Wissenschaftler Rüstem Aslan, dem große Erfolge zu wünschen sind.

Doch jeder, der sich mit dem Hauptausgrabungsplatz Schliemanns beschäftigte, wurde argwöhnisch beäugt. Wilhelm Dörpfeld (1853–1940) hatte das Troja-Projekt in der achten und neunten Grabungskampagne in den Jahren 1893 und 1894 zu einem vorläufigen Abschluss gebracht. Neun Siedlungsschichten zählte man seitdem, und die sechste von unten galt nun als das homerische Troja. Wir haben schon erfahren, wie Dörpfeld im Laufe seines Lebens immer mehr vom Homer-Fieber infiziert wurde. Die zehnte bis sechzehnte Grabungskampagne fand durch amerikanische Archäologen der Universität von Cincinnati unter Leitung von Carl Blegen (1887–1971) statt. Er unterteilte die neun Hauptschichten in 46 Unterschichten. Das homerische Troja sah er in Troia VII a und nicht wie sein deutscher Vorgänger in Troia VI (h).

Dann trat wieder eine lange Pause ein, bevor das Tübinger Troja-Projekt 1988 mit der siebzehnten Grabungskampagne ihre Nachforschungen auf Hisarlık fortsetzte. Anfangs hieß es nur: Wir graben auf einem bronzezeitlichen Siedlungshügel, doch dann schienen sich archäologische Befunde immer mehr mit den Angaben Homers zu decken. In dieser Annahme wurde Korfmann vom großen Homer-Experten unserer Zeit, von Joachim Latacz aus Basel, unterstützt. Als schließlich 1995 ein Siegel mit hethitisch-luwischen Schriftzeichen bei den Ausgrabungen auftauchte, schien es gewiss: Nun sei der Beweis erbracht, dass Troja, mit anderem Namen (W)Ilios,

Die Existenz der in diesem Modell von Troia VI angenommenen Unterstadt ist nicht bewiesen.

der lange gesuchte, aus hethitischen Quellen bekannte Ort Wiluša sei. Und ein Ort, der den einst mächtigen Hethitern eine solche Erwähnung wert war, muss doch bedeutend gewesen sein. Leider basiert diese Theorie nur auf einem einzigen Fundstück!

Einer sicheren Zuweisung im Wege stand nur noch die geringe Ausdehnung von Troia VI/VII a. Deshalb konzentrierten sich die Ausgrabungen auf die Suche nach der Unterstadt dieser Burg. Bei der erwähnten Troja-Ausstellung sah dann der Besucher gleich eingangs ein Modell, auf dem die kleine Burg und eine große Unterstadt dargestellt waren. Das »homerische Troja« war jetzt nicht nur 30 000 Quadratmeter, sondern nahezu zehn Mal so groß. Das rief heftige Kontroversen hervor, weil keine handfesten archäologischen Beweise für diese Rekonstruktion vorlagen. Es ist nicht Aufgabe dieses Buches, das sich in erster Linie an den interessierten Laien und weniger an den Fachmann richtet, auf diese Problematik näher einzugehen. Wer sich dafür interessiert, findet im Literaturverzeichnis genügend Stoff, um sich darüber ein eigenes Bild zu machen.

Und wenn in Zukunft diejenigen recht behalten werden, die den Mythos um Troja den Philologen und Philosophen, nicht aber den Archäologen überlassen wollen, bleibt dennoch die große Entdeckerleistung Schliemanns auf dem Hügel Hisarlık bestehen, die dort einen bis dahin unbekannten, keineswegs unbedeutenden bronzezeitlichen Siedlungsplatz ausmachte und freilegte. Erfreut wäre aber das aus Mecklenburg stammende Sonntagskind bestimmt nicht, wenn dieser nicht mehr als Schauplatz des homerischen Troja angesehen würde.

Blick über Troja: Heute gilt Heinrich Schliemann, trotz vielfacher Kritik, als einer der Wegbereiter der modernen Archäologie.

Literaturverzeichnis

Werke von Schliemann (aufgezählt sind nur die deutschen Ausgaben)

Reise durch China und Japan im Jahre 1865, Konstanz 1984 (die französische Originalausgabe erschien zu Lebzeiten Schliemanns nicht auf Deutsch)

Ithaka, der Peloponnes und Troja. Archäologische Forschungen, Leipzig 1869

Trojanische Alterthümer. Berichte über die Ausgrabungen in Troja, Leipzig 1874

Atlas trojanischer Alterthümer. Photographische Abbildungen zu dem Bericht über die Ausgrabungen in Troja, Leipzig 1874

Troja und seine Ruinen. Vortrag, gehalten in der Aula der Universität Rostock am 17. August 1875, Waren 1875

Mykenae. Bericht über meine Forschungen und Entdeckungen in Mykenae und Tiryns, Leipzig 1878

Ilios. Stadt und Land der Trojaner. Forschungen und Entdeckungen in der Troas und besonders auf der Baustelle von Troja. Mit einer Selbstbiographie des Verfassers, Leipzig 1881

Orchomenos. Bericht über meine Ausgrabungen im Böotischen Orchomenos, Leipzig 1881

Reise in der Troas im Mai 1881, Leipzig 1881

Troja. Ergebnisse meiner neuesten Ausgrabungen auf der Baustelle von Troja, in den Heldengräbern, Bunarbaschi und anderen Orten in der Troas im Jahre 1882, Leipzig 1884

Tiryns. Der prähistorische Palast der Könige von Tiryns. Ergebnisse der neuesten Ausgrabungen, Leipzig 1886

Bericht über die Ausgrabungen in Troja im Jahre 1890, Leipzig 1891

Heinrich Schliemann's Selbstbiographie. Bis zu seinem Tode vervollständigt von Alfred Brückner. Herausgegeben von Sophie Schliemann, Leipzig 1892

Ausgewählte Werke zur Schliemannforschung

Allen, Susan H.: *Finding the Walls of Troy. Frank Calvert and Heinrich Schliemann at Hisarlık*, Berkeley u. a. 1999

Bölke, Wilfried: *Heinrich Schliemann. Ein berühmter Mecklenburger*, Schwerin 1996

Bölke, Wilfried und Reinhard Witte: *Heinrich-Schliemann-Museum Ankershagen/Mecklenburg. Führer durch die ständige Ausstellung*, Ankershagen 2003

Calder III, Wiliam M. and David A. Traill: *Myth, Scandal and History. The Heinrich Schliemann Controversy and a First Edition of the Mycenaean Diary*, Detroit 1986

Cobet, Justus: *Heinrich Schliemann. Archäologe und Abenteurer*, München 2007 (2. Auflage)

Coulmas, Danae: *Schliemann und Sophia. Eine Liebesgeschichte*, München/Zürich 2001

Döhl, Hartmut: *Heinrich Schliemann. Mythos und Ärgernis*, München-Luzern 1981

Easton, Donald F.: Schliemann's Excavations at Troia 1870–1873. In: *Studia Troica Monographien* 2, hrsg. v. Manfred Korfmann, Mainz 2002

Hänsel, Alix: *Schliemann und Troja. Die Sammlungen des Museums für Vor- und Frühgeschichte* 1, Berlin 2009

Herrmann, Joachim/Evelin Maaß (Hrsg.): *Die Korrespondenz zwischen Heinrich Schliemann und Rudolph Virchow 1876–1890*, Berlin 1990

Hertel, Dieter: *Troia. Archäologie, Geschichte, Mythos*, München 2008 (3. Auflage)

Höhfeld, Volker (Hrsg.): *Stadt und Landschaft Homers. Ein historisch-geografischer Führer für Troia und Umgebung*, Mainz 2009

Kolb, Frank: *Tatort »Troia«. Geschichte, Mythen, Politik*, München 2010

Korrés, Georgios St.: *Bibliografia Errikou Sleman* (griech.), Athen 1974

Ludwig, Emil: *Schliemann. Geschichte eines Goldsuchers*, Berlin 1932

Meyer, Ernst (Hrsg.): *Briefe von Heinrich Schliemann*, Berlin/Leipzig 1936

Meyer, Ernst (Hrsg.): *Heinrich Schliemann. Briefwechsel*, Bd. 1 und 2, Berlin 1953-58

Meyer, Ernst: *Heinrich Schliemann. Kaufmann und Forscher*, Göttingen-Zürich-Berlin-Frankfurt 1969

Mitteilungen aus dem Heinrich-Schliemann-Museum Ankershagen (zuletzt erschienener Band 9, 2011)

Mühlenbruch, Tobias: Heinrich Schliemann. Ein Itinerar. In: *Kleine Schriften aus dem Vorgeschichtlichen Seminar Marburg*. Hrsg. von Andreas Müller-Karpe und Claus Dobiat, Bd. 58, Marburg 2010 (2. Auflage)

Samida, Stefanie: *Heinrich Schliemann*, Tübingen und Basel 2012

Studia Troica (zuletzt erschienener Band 19, Tübingen 2010)

Traill, David A.: *Schliemann of Troy. Treasure and Deceit*, London 1995

Witte, Reinhard: Schliemann einmal heiter betrachtet. Der Erforscher Troias und Mykenes in der satirischen Zeitschrift »Kladderadatsch« und in humorvollen Beiträgen. Mit einem Aufsatz von Rainer Hilse. In: *Mitteilungen aus dem Heinrich-Schliemann-Museum Ankershagen*. Hrsg. von Reinhard Witte und Wilfried Bölke, Bd. 8, Ankershagen 2004

Zavadil, Michaela: *Ein trojanischer Federkrieg. Die Auseinandersetzungen zwischen Ernst Boetticher und Heinrich Schliemann*. Veröffentlichungen der Mykenischen Kommission 29, Wien 2009

Wichtige Websites

Heinrich-Schliemann-Museum Ankershagen: www.schliemann-museum.de

American School of Classical Studies at Athens. Gennadius Library Archives: http://www.ascsa.edu.gr/index.php/archives/heinrich-schliemann-finding-aid/

Digitalisate von Schliemann-Büchern durch die Heidelberger Universitätsbibliothek: http://digi.ub.uni-heidelberg.de/de/sammlungen/archaeologie.html

Bildnachweis

Coverabbildungen

Impressum

Ein Buch der Partner Frederking & Thaler und GEO

Bibliografische Information der Deutschen Nationalbibliothek Die Deutsche Nationalbibliothek verzeichnet diese Publikation in der Deutsche Nationalbibliografie; detaillierte bibliografische Daten sind im Internet über http://dnb.d-nb.de abrufbar.

© 2013 Frederking & Thaler Verlag in der Bruckmann Verlag GmbH, München
www.frederking-thaler.de

Alle Rechte vorbehalten

Produktmanagement: Dorothea Sipilä
Covergestaltung, Redaktion und Satz:
Verlagsservice Dr. Helmut Neuberger & Karl Schaumann GmbH, Heimstetten
Herstellung: Bettina Schippel
Lithografie: Repro Ludwig, Zell am See
Druck und Bindung: Printer Trento S.r.l.

GEO ist eine Marke der Gruner + Jahr AG & Co KG
Alle Rechte vorbehalten

ISBN 978-3-89405-992-7

Printed in Europe

FREDERKING & THALER

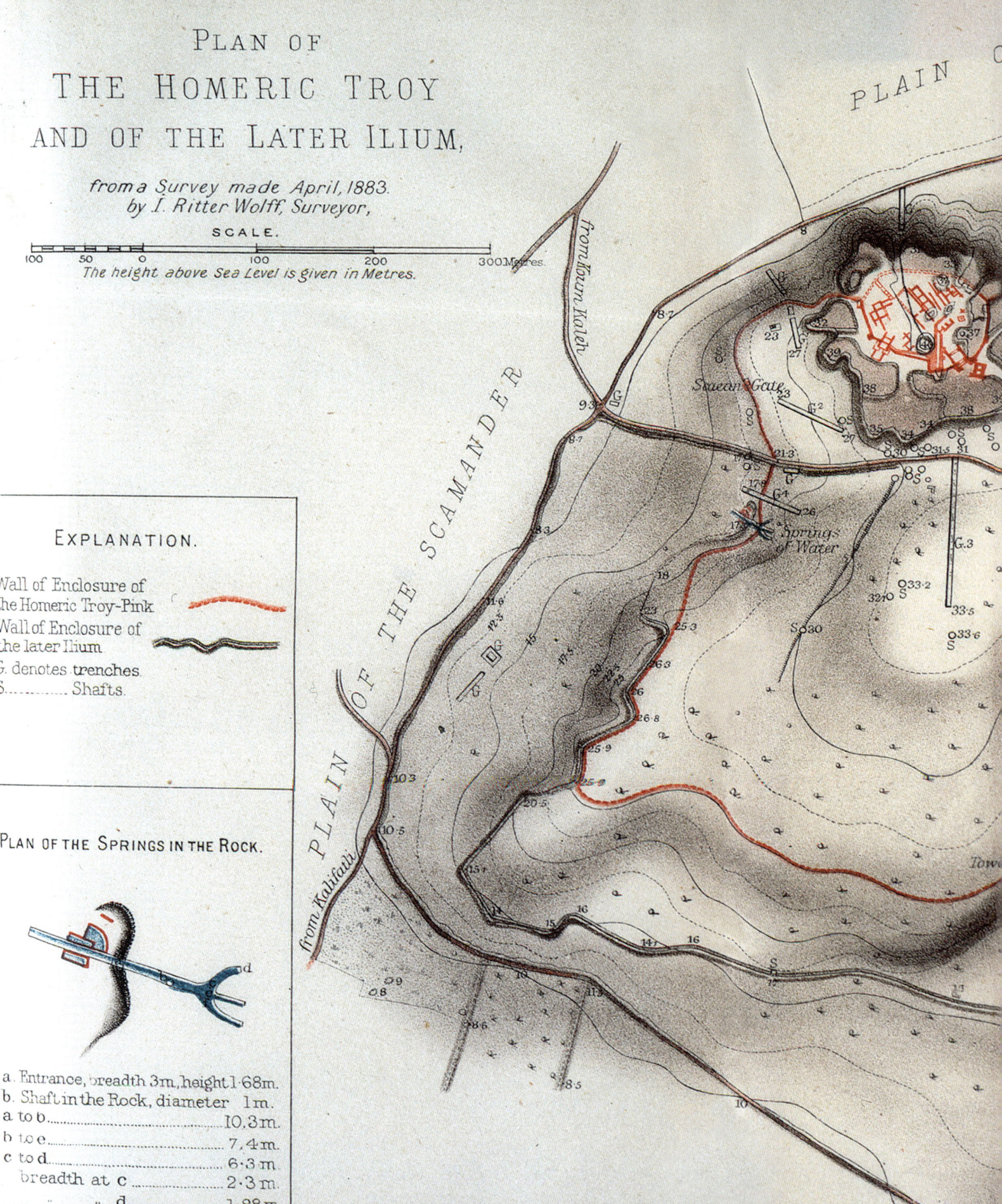

PLAN OF
THE HOMERIC TROY
AND OF THE LATER ILIUM,

from a Survey made April, 1883.
by I. Ritter Wolff, Surveyor,

SCALE.

100   50   0   100   200   300 Metres.

The height above Sea Level is given in Metres.

EXPLANATION.

Wall of Enclosure of
the Homeric Troy–Pink

Wall of Enclosure of
the later Ilium.

G. denotes trenches.

S............ Shafts.

PLAN OF THE SPRINGS IN THE ROCK.

a. Entrance, breadth 3m, height 1·68m.
b. Shaft in the Rock, diameter 1m.
a to b .... 10.3m.
b to c .... 7.4m.
c to d .... 6.3m.
    breadth at c .... 2·3m.
    "   d .... 1·88m.

PLAIN OF THE SCAMANDER

from Koum Kaleh

from Kalifath

PLAIN O

Scaean Gate

Springs of Water